KB069122

영혼결혼

死者の花嫁

영혼결혼
死者の花嫁

사토 히오로 佐藤弘夫 저 · 성해준 成海俊 역

學古房

범례

1. 일본어 표기는 일본어 원 발음에 준하여 표기하였다. 단 필요 할 경우는 예외로 한자를 한국어 발음으로 했다.
2. 단행본은 『 』로 논문의 제목이나 인용문은 「 」, 강조한 말은 ' '를 사용하여 표기했다.
3. 원문에는 주가 없었지만, 용어의 추가 설명이 필요한 부분은 역자가 주를 달았다.

일찍이 일본열도에는 사자(死者)를 만날 수 있는 약속의 땅이 많이 있었습니다. 묘지가 그 대표적인 장소이지만 본서에서 논한 쿠로도리 관음(黒鳥観音), 가와쿠라 지장존(川倉地蔵尊), 미츠모리야마(三森山) 등의 영장(霊場)도 그 중 하나입니다. 그 곳을 방문하여 돌아가신 분들과 대면하는 것을 큰 즐거움으로 생각하는 사람들도 많았습니다.

그러나 그러한 광경은 점점 지나간 과거의 현상이 되고 있습니다. 그 이유로 인구의 도시집중과 독신세대의 증가가 있습니다. 그로 인하여 가정이나 공동체라는 틀 속에서 사자를 장기간에 걸쳐 기억하고 공양하는 체제가 해체되어 망각되는 사자나 공양 받지 못하는 사자가 대량 발생하고 있습니다. 사자와 생자의 관계는 개인적으로 연결되어있어 많은 사자가 이 세상에서 머물 곳을 잃고 연고자의 기억 속에서 만 살아있는 존재가 되었습니다.

이러한 방향성은 사회구조의 변화에 의한 필연적인 현상이고, 멈출 수 없는 시대의 흐름입니다. 단지 한 가지 염려가 되는 것은 전통의례의 쇠퇴와 더불어 우리들이 오랜 기간 공유해왔던 생과 사의 스토리 그 자체가 급속하게 설득력을 잃어가고 있다는 점입니다.

매년 8월에 행하는 미츠모리야마에서의 사자공양은 사자만을 위한 것이 아니었습니다. 미츠모리야마 정상에서 산기슭으로 펼쳐지는 평온한 전원풍경을 보면 생과 사의 경계는 사라지고 어느새 우리는 사자의 눈으로 이 세상을 바라보고 있습니다. 잠깐 사자와 시공을 공유한 방문자는 자신도 때때로 유족과 교류하면서 선조들과 함께 여기에서 속세의 더러움을 씻는 것도 나쁘지 않다고 생각합니다. 그리고 산에서 평온하게 휴식을 취하고 속세로 춤을 추며 돌아오는 생사의 순환에 대한 생각에 젖어듭니다.

이 지구상에는 사후세계를 상정하지 않는 민족은 없습니다. 이러한 점에서 내릴 수 있는 결론은 단하나, 사람은 사자를 필요로 하는 존재라는 것입니다. 인생의 스토리는 사후세계와 사자들을 편입시키는 것에 의해 완결되고 그때 처음으로 우리들은 마음의 평온함을 느낄 수 있습니다.

그러한 생자와 사자의 교류 장소와 그것을 지탱해온 사생관이 지금 일본열도에서 점점 사라지고 있습니다. 생자의 세계와 사자의 세계는 분단되고 가로막혀 사자는 암흑의 나라에 사는 주민이 되었습니다. 그래서 죽음은 오로지 기피해야 할 미지의 영역이 되어, 죽어가는 사람을 일분일초라도 길게 이 세상에 살도록 하는 것이 현대 의료의 목적이 되어 버렸습니다.

사생관의 변화는 시대의 흐름이므로 간단하게 좋다거나 나쁘다고 판단할 문제는 아니라고 생각합니다. 그러나 저에게는 마음의 황폐나 이상한 내셔널리즘의 고양 등 현대사회가 안고 있는 문제의 많은 부분이 사자를 이 세상에서 떨쳐내어 암흑의 나라에 가두려고 했던 근대적인 사생관의 탄생과 깊은 관계가 있다고 생각합니다.

이번에 본 서적이 내가 마음으로부터 경애하는 동명대학교 성해준 교수의 손에 의해 한국어로 번역되어 한국의 관심 있는 여러분들이 접하게 된 것을 무척 기쁘게 생각합니다. 한국도 지금 급속하게 장송의례의 변화와 사생관의 변동에 직면하고 있다고 들었습니다. 본 서적의 간행이 계기가 되어 일본과 한국의 연구자간에 새로운 대화의 장이 열릴 수 있기를 간절히 바랍니다.

성 교수님께 다시 한 번 감사드리며 본서 출판에 도움을 주신 관계자 여러분들께도 충심(衷心)어린 감사의 마음을 전합니다.

사토 히로오(佐藤弘夫)

　かつて日本列島上には、そこに行けば確実に死者と会うことができる約束の地が無数に存在しました。墓地がその代表ですが、本書で取り上げた、黒鳥観音、川倉地蔵尊、三森山などの霊場もその一つでした。そこを訪れて死者と対面することを楽しみにするたくさんの人々がいたのです。

　しかし、そうした光景はしだいに過去のものとなりつつあります。人口の都市集中と単身世帯の増加に伴って、家や共同体といった枠組みで死者を長期にわたって記憶し供養する体制が解体し、忘却される死者、供養されない死者が大量に生まれています。死者と生者との関係は個人的なつながりとなり、多くの死者がこの世での定住の地をなくして、縁者が思い起こした時だけ記憶のなかに蘇る存在となりました。

　こうした方向性は社会構造の変化に伴う必然的な現象であり、押しとどめることのできない時の流れです。ただ一つだけ気になるのは、伝統儀礼の衰退に伴って、私たちが長年にわたって共有してきた生と死のストーリーそのものが、急速に説得力を失っているようにみえる点です。

　毎年8月に行われる三森山（みつもりやま）での死者供養は、死者のためだけのものではありませんでした。三森山の頂から、麓に広がる伸びやかな田園風景を見るとき、生と死の境は取り払われて、いつしか私たちは死者の眼差しで下界を眺めています。しばし死者と時空を共有した来訪者は、自分も折々に遺族と交流しながら先祖たちとここで俗世の垢を流すのも悪くない、と考えるようになります。そして、山での穏やかな休息を終えて俗世界に舞い戻る、生死の循環に想いを馳せるのです。

　この地球上に、死後の世界を想定しない民族はいまだかつて存在しませんでした。例外はありません。そこから導き出される結論はただ一つ、人は死者

を必要とする存在なのです。人生のストーリーは、死後の世界と死者たちを組み込むことによって完結し、その時初めて私たちは深い心の安らぎをえることができるのです。

　そうした生者と死者の交流の場とそれを支えてきた死生観が、いましだいにこの列島から姿を消しつつあります。生者の世界と死者の世界は分断され遮蔽されて、死者は闇の国の住民になりました。死はひたすら忌避すべき未知の領域と化し、死にゆく者を一分一秒でも長くこちら側に引き止めることが現代医療の目的となりました。

　死生観の変化は時代の流れであり、安易に善し悪しを判断すべき問題ではありません。しかし私には、心の荒廃や異常なナショナリズムの高揚など現代社会が抱える問題の多くが、死者をこの世から切り離して闇の国に封じ込めようとする、近代的な死生観の誕生と深く関わっているように思えてならないのです。

　このたび本書が、私が心より敬愛する東明大学校の成海俊教授の手によって翻訳され、韓国の関心あるみなさまの目に触れることをとても嬉しく思います。韓国もいま急速な葬送儀礼の変化と死生観の変動に直面していると伺っています。本書の刊行がきっかけになって、日本と韓国の研究者の間に新たな対話の場が生まれれば、これ以上の喜びはありません。

　成教授に改めて御礼申し上げるとともに、本書の出版に関わっていただいたすべての方々に衷心より感謝申し上げます。

佐藤弘夫

사회적인 지위나 명예·부귀빈천에 관계없이 우리 인간은 누구나 공평하게 죽음을 맞이한다. 또 다양한 종교나 습속을 불문하고 이 지구상에서 살아가고 있는 우리 인간들 중에 사후세계를 생각하지 않는 민족은 없을 것이다. 우리들은 이 지구상에 태어나서 희로애락 속에 삶을 살아가는 동안 일체개고(一切皆苦)라는 말처럼 많은 고통을 겪는다. 그러나 비록 현재의 삶이 힘들고 지친다고 할지라도 미래에는 좋은 삶이 있을 것이라는 희망을 가지고 살아가듯이 사후세계에도 보다 안락하고 평온한 삶이 기다리고 있을 것이라는 소망을 가진다. 동시에 사후, 사자(死者)들의 평안한 내세의 삶이 보장된다는 믿음에 의해 자신의 내세도 그렇게 된다는 것을 상상하면서 마음에 위안을 얻는다. 그러므로 사자는 조용하고 편안하며 살아있는 사람들과 가까운 곳에 있어야만 했다.

일찍이 일본열도에는 그러한 내세의 사자를 만날 수 있는 대표적인 장소로 묘지가 지목되었다. 그 외에도 일본의 동북지방인 야마가타현 히가시네시(山形縣 東根市)에 있는 쿠로도리관음(黑鳥観音)을 비롯하여 아오모리현(青森県)의 가와쿠라 지장존(川倉地蔵尊), 이와테현(岩手県)의 미츠모리야마(三森山) 등의 영장(靈場)이 사자들을 만나는 장소의 하나였다. 일본열도의 사람들은 그곳에서 사후세계의 안락을 상상하면서 현생의 고통을 위로했다. 많은 사람들이 그러한 영장을 방문하여 사자들과 대면하는데, 특히 매년 8월에 행하는 미츠모리야마에서의 사자공양은 사자만을 위한 것이 아니다. 사자 공양을 위해 방문하는 생자들은 미츠모리야마 정상의 산기슭에서 펼쳐지는 평온한 전원풍경을 보면서 순간 사자의 시선으로 이 세상을 바라보게 된다. 그 순간 잠깐이나마 생과 사의 경계는 사라지고 사자와 시공을 초월한 교류로 속세의 더러움을 씻어낼 수 있다고 느낀다. 때로는 이러한 영장을 찾아 현생에서 원한을 가지고 죽은 망자의 넋을 위로하며 망자의 한을 풀어주고 살아서 못 다한 삶을 대신해서 살아주겠다는 다짐과 자신의 회한과 속세의 부정(不淨)을 씻어내기도 한다.

본 서적의 주요 테마인 죽은 자의 영혼결혼도 넓은 의미에서 망자의 넋을 위로하고 명복을 비는 동시에 생자의 안도(安堵)와 평안을 바라는 의미도 내포되어 있다. 구체적으로 이 영혼결혼은 여러 지역에서 일반적으로 행해지고 있는 사후에 행하는 의식으로 말 그대로 생전에 결혼을 하지 못하고 죽은 자를 위하여 올려주는 사혼식(死婚式)이다. 이러한 사혼식인 영혼결혼식을 거행하는 이유로, 민간에서는 ①살아생전 사랑을 이루지 못하고 죽으면 그 자체가 한이 되어 죽은 자의 혼령이 떠돌아다니다가 '몽달귀신이나 처녀귀신이 되어 산자를 해코지한다는 속설 때문이기도 하다. 또 다른 이유로 ②결혼을 하지 못한 채 미혼으로 죽은 사람은 정상적인 조상신이 되지 못하므로 영혼결혼식은 죽은 자를 어른으로 승격시키는 통과의례이기도하다. 그러나 더욱 중요하고도 무의식적인 이유는 ③살아남은 자, 그 중에서도 부모의 자식에 대한 애틋한 마음과 자식을 잃은 크고 깊은 충격과 상처의 셀프 위로이다.

특히 어머니에게 있어서는 더욱 그러하다. 10개월간 뱃속에 품고 있다가 산통의 고통과 양육의 어려움도 잊은 채 애지중지 키운, 늘 함께해야 할 자식을 갑작스럽게 떠나보내야 하는 일은 혹독한 생지옥과도 같다. 그러한 청천벽력과도 같은 충격은 생의 의욕을 상실할 만큼 큰 고통이므로 죽은 자식의 영혼결혼은 자신의 상념치유(傷念治癒)에 조금이나마 도움이 될 것이다. 그러한 점에서 영혼결혼식은 산 자와 죽은 자를 위한 의식으로 죽은 자의 넋을 위로하는 동시에 산자가 위로받는 의식이기도 하다. 또 죽은 자에게도 생전의 삶이 죽음 이후에도 이어진다는 연속성의 관념이 포함되어 있다. 그래서 불쌍하게 생을 하직한 영혼의 넋을 달래주고, 저승에서 행복한 생활을 누리기를 바라는 마음으로 유족들은 임의로 망자를 위해 합당한 짝을 찾아 결혼식을 열어주는 것이다.

한국에서는 결혼을 하지 못하고 죽은 남녀의 영혼결혼식이 주로 무속에서 행하여지고 있다. 반면, 이와 형태는 다르지만 영혼결혼식과 유사한 혼례인형을 볼 수가 있다. 이 혼례인형은 일반적으로 일본의 동북지방인 아오모리현에서 많이 볼 수 있으나 야마가타현의 야마데라(山寺)나 와카마츠관음(若松観音) 등에서도 공양형태로 봉납(奉納)된 혼례인형을 볼 수가 있다. 이와 같이 형태를 달리하는 영혼결혼식이 일반적으로 널리 행하여지고 있는데, 특히 야마가타현 일부 지역의 사찰이나 신사에 봉납되는 무카사리 에마라는 풍속은 독특하다. 이 무카사리 에마는 젊은 남녀의 형상을 그린 그림 또는 아주 어릴 때 사망했을 경우, 현재의 성장한 모습을 상상하여 그린 액자와 내세에서의 평안한 삶을 연상하며 보다 윤택한 삶의 표상으로 그려져 있다.
그러므로 그 무카사리 에마의 그림에는 현생에서의 삶과 상관없이 좋은 집에서 좋은 옷을 입고, 좋은 음식을 먹으며 화목·행복한 가정생활을 영위하고 있는 모습이 그려져 있다. 이는 인간의 삶이 현생뿐만 아니라 내생에서도 이어지기를 바라는 부모들의 간절한 소망을 표현한 것이다. 물론 승려를 대동한 다양한 의식도 동반되지만 성장한 망자를 연상한 신랑 신부의 의젓한 성인의 모습을 그려서 영혼결혼식을 행하는 것이 한국과 다르다.

이러한 사후세계의 신·영혼·영장을 키워드로 하는 본서 『영혼결혼(死者の花嫁)』은 이미 한국어로 번역된 일본 도호쿠대학 사토 히로오 교수의 저서인 『신국일본(神國日本)』·『일본 열도의 사생관(死者のゆくえ)』·『사람을 신으로 섬기는 신앙(ヒトガミ信仰の系譜)』 등에 이은 일

본의 사생관 관련서적이다. 본 서적의 원저자인 사토 히로오(佐藤弘夫) 교수는 역자가 존경하는 선배이자 아낌없는 학은(學恩)을 베풀어 준 따뜻한 마음을 소유한 형과 같은 스승으로 오랜 기간 불교학을 배경으로 신(神)과 죽음을 중심으로 한 사생관 및 국가와 종교·신불습합 등의 영장 연구를 이어온 이 분야의 전문가이다. 따라서 본 역서가 한국의 사생관 관련 연구자들의 학문연구에 도움이 되었으면 한다. 동시에 우리는 언젠가 모두 죽음을 맞이해야 하는 유한한 존재라는 것을 늘 인식하면서 남을 배려하며 겸손한 삶을 살아가는 나침판의 하나가 되었으면 한다.

끝으로 본 서적은 『사람을 신으로 섬기는 신앙(ヒトガミ信仰の系譜)』·『일본『명심보감』의 전래와 수용 연구』에 이어 동양학을 중심으로 한 인문학 전문출판사인 학고방(學古房) 출판사에 부탁을 드렸다. 현재 한국의 열악한 출판사정의 현실에도 불구하고 출판을 위해 물심양면의 도움을 준 학고방 출판사 하운근 사장님을 비롯한 임직원 여러분의 노고에 깊은 위로와 감사의 마음을 드린다.

2018년 11월 吉日

역자 성해준 삼가 씀

And let the merry breezes blow.
My dust to where some flowers grow.
Perhaps some fading then
Would come to life and bloom again.

Joe Hill

프롤로그
망자를 방문하는 사람들

쿠로토리黑鳥관음의 무카사리 에마絵馬

　야마가타시 무라야마(山形市 村山) 분지에는 분지의 동쪽을 경계로 오와(奧羽)산맥을 따라 관음보살상을 본존으로 모신 와카마츠데라(若松寺), 쿠로토리관음(黑鳥観音), 코마츠자와(小松沢)관음 등의 절과 당사가 점재해 있다. 이들 사당에서는 사자를 위로하기 위해, 그 혼례 모습을 그려 봉납하는 무카사리 에마(絵馬)[1] 라는 풍습이 행해진다. 무카사리 에마에는 신부·신랑 이외에 중매인이나 참석자가 새겨져 있는 것도 있다.

　히가시네시(東根市)에 있는 쿠로토리관음은 모가미(最上) 33관음의 19번째이다. 사찰을 순례하는 사람이 참배의 표시로 표찰을 받는 곳으로 19번째 번찰(番札)의 후다쇼(札所)[2]이다. 쿠로토리관음은

---

1) 동북지방에서는 결혼 전에 죽은 남성을 위해 가공의 결혼식을 올리는 그림을 그려서 절이나 신사에 바치는 풍습이 있었는데 그것을 무카사리라고 한다. 에마는 원래 절이나 신사에 말 그림이 그려진 액자를 걸어 기원하는데 영혼결혼 그림이 그려진 액자를 절이나 신사에 바치는 것을 무카사리 에마라고 한다.
2) 사찰 순례자가 참배의 표시로 패를 받는 곳으로 33곳의 관음이나 88곳의 코호 다이시(弘法大師) 등의 영지(靈地)가 있다.

쿠로토리관음(黑鳥観音)

히가시네 시가지를 눈 아래로 그 앞쪽으로 멀리 하야마(葉山)나 갓산(月山)이 바라보이는 높은 곳에 위치하고 있다. 산기슭부터는 포장도로가 뒤쪽 주차장까지 이어지고 있지만, 정식 참배 길은 도중에서 갈라지는 작은 수풀 길이다. 나무 숲속을 누비고 나아가 이어지는 참배 길을 끝까지 올라가면 소박한 산문(山門)이 있고, 그 앞에 주지가 없는 관음당 하나가 외따로 세워져 있다.

관음당 안으로 들어가면 조금 이상한 광경을 보게 된다. 관음당의 정면 안쪽에는 본존의 십일면관음상(十一面観音像)이 안치되어 있고 그 좌우에는 단이 설치되어 작은 33관음이 진좌하고 있다. 그 이외 타타미 12개가 깔린 크기의 방으로 20제곱미터의 넓이 12조 정도의 당내 벽 전체는 무카사리 에마로 가득 차 있다. 천정에는 메이지(明治)·타이쇼(大正) 시대에 봉납된 에마가 마치 그림을 그려 넣은 목재로 만든 전통적 사각형 문양의 일본전통 천정양식[3]처럼 빈틈없이 나열되어 있다.

봉납된 무카사리 에마 가운데는 프로 미술가가 정성스럽게 그려 액자로 만들어 장식한 것도 있다. 반면 두꺼운 종이나 도화지에 그냥 크레용으로 그린 것도 있다. 손으로 그린 것뿐만 아니라 사진을 합성

---

3) 가장 격식이 높은 천정양식으로 유명한 절이나 신사, 성의 천정에 많이 사용된다.

한 것도 있다. 이러한 것들이 여러 겹으로 겹쳐져 벽면에 고정되어 있다. 당내에 앉으면 여러 방향에서 쏟아지는 이 세상 사람이 아닌 신랑신부의 시선을 느낀다.

  야마가타의 무라야마 지역 남쪽 옆에 있는 오키타마(置賜)지역에 걸쳐 분포하는 무카사리 에마는 처음에는 요절한 남성을 공양하기 위한 것이었다. 가장 오래된 것이라 하더라도 막부 말기까지 거슬러 올라가지는 않는다. 근대사회가 낳은 비교적 새로운 풍습이다. 무카사리 에마에 그려진 신랑은 공양 받는 고인과 가능한 한 비슷하게 그리는 것이 일반적이다. 그래서 본인의 사진을 사용하지만, 신부 쪽 은 특정 인물로 인식될 수 있도록 고안되어 있다. 전통 혼례 때 신부 가 쓰는 솜으로 만든 큰 모자모양의 쓰개인 와타보우시(綿帽子)로 표 정이 보이지 않도록 한 것도 있다.

쿠로토리관음당 내(黒鳥観音堂内)

무카사리 에마(ムサカリ絵馬)　　　　　와카마츠데라 쿠로토리관음(若松寺黒鳥観音)

　옛날 일본에서는 미혼남성은 아직 한사람 몫을 다하지 못하는 미성숙한 존재로 보았다. 무카사리 에마의 유래에 대해서는 한사람의 남자로 성숙되기 전에 죽은 남성을 적어도 사후에라도 성숙한 한 남자로 만들어 주고 싶다는 부모의 마음에서 우러난 풍습이라고 설명하고 있다. 그러한 동기가 전혀 없다고는 할 수 없지만 실제로 무카사리 에마를 보면 죽은 사람이 저 세상에서 외로울 것이라는 더 소박한 생각에서 나온 것 같은 느낌이 든다.

　무카사리 에마는 어릴 때 죽은 여성을 성장한 신부모습으로 그려 봉납한 것도 있다. 일생에 단 한번 화려한 신부 옷을 입고 주위의 축복을 받는 결혼식은 많은 여성들의 어릴 때부터의 꿈이었다. 혼례일이 일생에 최고의 날이라는 것은 남성도 마찬가지다. 봉납자의 대부분을 차지하는 부모는 도리에 어긋나게 자신보다 빨리 이 세상을 하직한 어린자식들의 가장 빛나는 순간을 떼어내어 고정화함으로서, 고인이 명계에서 반려자를 얻어 영원히 행복한 시간을 살아간다는 증거로 삶고자 한 것이다.

카와쿠라川倉 지장당地蔵堂의 신부인형

죽은자의 혼례 모습을 봉납하는 풍습은 아오모리현(青森県) 츠가루(津軽)지방에서도 보인다. 다자이 오사무(太宰治)의 생가가 있는 카나기(金木)의 카와쿠라 지장존은 사자의 혼례지로 알려져 있는 장소이다. 「사이노카와라 지장존당(賽河原地蔵尊堂)」이라는 큰 글자로 쓰여진 목패가 걸린 문을 나오면 이와키(岩木)산 정상을 멀리 바라볼 수 있는 경내이다. 이 문은 토리이(鳥居)[4] 형태를 하고 있으며 좌우를 인왕상(仁王像)이 수호하고 있다. 본당 옆으로 뻗어 있는 잡목림의 오솔길을 내려가면, 아시노코(芦野湖)라 불리는 저수지가 나온다. 그 도중에 죽은 아이들이 가는 곳으로 알려져 있는 명도(冥途)의 삼도천(三途川)의 자갈밭(이승과 저승의 경계)이라는 사이노 카와라(賽河原)[5]가 있고, 몇 개의 지장보살이 서 있으며 색이 선명한 바람개비들이 바람에 스치는 소리를 내며 돌아가고 있다.

넓은 본당에는 본존인 여섯 체(六体)의 지장보살상 주위를 에워싸듯 고인의 명복을 빌기 위해 봉납된 2000체의 지장보살이 모셔져 있다. 이 지장보살들은 제각기 화장을 시켜 개성 있는 얼굴 모습으로 만들어져 있다. 그리고 그 대부분이 고인의 유품인 의복을 입고 있다. 사령의 혼례 장소는 부속된 인형당이다. 여기에는 무카사리 에마가 아니고 사망한 남성의 사진을 같은 유리 케이스에 넣은 신부인형

---

4) 신사입구에 세워진 기둥 문으로 원래 토리이는 신의 구역과 인간이 사는 속계를 구획 짓는 것으로 신의 영역으로 가는 입구를 나타낸다.
5) 여기에서 아이들을 위해 부모들이 공양으로 작은 돌을 쌓아 탑을 만들지만 귀신들에 의해 무너져버리므로 지장보살이 나타나 아이들을 구제한다고 전해지고 있다.

이 봉납되어 있다. 고인이 눈에 띄도록 신랑인형이 신부인형과 함께 봉납되어진 것도 있다 신랑인형에는 마치 실재인물인 것처럼 인형마다 이름이 붙여져 있다.

내가 방문한 것은 여름에 행해지는 일본의 조상령에 대한 제사나 공양 등 일련의 행사인 오봉(盆)[6] 때 였지만 인형당 안은 어둡고 쥐 죽은 듯 조용했다. 단지 노령의 한 부인이 인형 앞에 작은 소리로 경(経)을 올리고 있을 뿐이었다. 그 노부인은 35년 전에 아들을 물놀이 사고로 잃은 후 매년 빠짐없이 참배한다고 했다. 그러나 지금도 기억이 생생하게 남아 있어 굳이 사진은 봉납하지 않아도 된다고 했다.

공양의 대상이 젊은 여성인 경우에는 신부 쪽 인형이 고인으로 되어 있었다. 어두침침한 당내에는 경내의 매점에서 판매하고 있는 신부인형과 신랑인형이 4단으로 설치된 단상에 빼곡히 진열되어 있다. 어릴 때 죽은 자식이 살아 있다면 이제 결혼 적령기라고 생각하여 봉납하기로 결정했다는 부모도 있었다. 매년 공양하러 오는 사람이 이제 자식이 성인이 되는 시기라고 생각하여 술을 올리는 경우도 있다. 인형이 들어있는 케이스 속에 어린이용 완구와 담배, 캔맥주가 같이 봉납되어 있는 것도 있다.

여기에서 사자는 결코 죽은 사람이 아니다. 남은 사람들과 함께 인생을 살며 희로애락을 함께 나누며 매년 한 살씩 나이를 먹고 있다. 예전부터 츠가루(津軽)에서는 아이가 죽으면 그 아이를 닮은 돌지장보살을 조각하여 절에 봉납하는 습속이 있었다. 카와쿠라 지장당(川倉地蔵堂)에 진열되어 있는 어마어마한 수의 지장보살상은 에도

---

6) 일본 고래의 조령신앙과 불교가 융합한 행사로 옛날에는 음력 7월 15일을 중심으로 행해졌으나 현재는 양력 8월 15일을 중심으로 행해지는 경우가 많다.

카와쿠라 지장당(川倉地蔵堂)에 봉납된 지장들 　　　　　　　　　　　　신부인형

시대 이래의 슬픈 역사를 안고 있다. 츠가루는 그런 곳이었다. 기근
이 들면 약자가 가장 먼저 희생되는데, 그 대표가 아이들이었다.

　천재지변 앞에서는 부모도 어쩔 수 없었다. 부모는 먹을 것이 없
어 굶어 죽어가는 아이의 모습을 그냥 지켜 볼 수밖에 없었다. 겨우
위기를 모면하고 살아남은 부모들은 살아있을 때의 아이들의 표정을
떠올리며 그 기억을 지장의 모습에 새겼다. 평온한 표정에는 두 번
다시 굶주림에 허덕이지 않았으면 하는 부모의 애절한 바람이 담겨
져 있다. 때때로 절을 방문하는 부모들은 지장의 차가운 살갗을 어루
만지며 말을 걸고, 정성스럽게 화장을 시켜 옷을 갈아입혔다. 이렇게
다시 살아난 사자는 살아남은 사람들과 교류하면서 인생을 함께하는
것이다.

미츠모리야마三森山의 숲 공양

　스스로 바라던 행복한 형태이거나 의지에 반하는 비극적인 형태이

거나에 관계없이 사람에게는 반드시 죽음이 찾아온다. 유체(遺体)는 수일 안에 부패하기 시작하여 1년이 되지 않아 물질적 존재로서는 거의 모두 소멸해 버린다. 사람이 이 세상에 살았다는 증거는 이제 완전히 사라지고 없어져버리는 것이다.

그러나 우리들이 금방 고인을 잊어버리는 일은 없다. 사람들은 반복해서 망자를 상기하고 그 카와쿠라 지장당에서 망자의 옛 모습을 더듬어 보기위해 허공을 향해 손끝을 계속 뻗어본다.

야마가타현(山形県)의 쯔루오카시(鶴岡市)에서 국도 7호선의 남쪽 방향으로 달리면 일본해(동해)를 따라 펼쳐지는 쇼나이(庄内)평야의 논 풍경 속에서 왼쪽 방향으로 3개의 봉우리를 가진 약간 높은 산이 보인다. 이 산은 그 지역에서는 '키요미즈(清水) 숲'이라 불리는 '미츠모리야마(三森山)'이다. 쯔루오카시의 남쪽에 남북으로 연결되는 1000미터 전후의 산맥으로 일본해(동해)에 가까운 눈이 많이 내리는 지대로 특이한 산의 자태를 보이는 마야산괴(摩耶山塊)가 있다. 이

미츠모리야마(三森山)

마야산괴가 쇼나이 평야를 향해 쑥 나온 곳에 있는 이 '미츠모리야마'
는 동북지방에서는 어디에서든지 쉽게 볼 수 있는 표고 120미터정도
의 아주 흔한 마을 가까이에 있는 산이다. 평소에는 사람들의 출입이
거의 없는 조용한 산이지만 8월 22일과 23일의 이틀만큼은 평소와는
전혀 다른 분위기를 자아낸다.

이 양일에는 차를 산기슭에 주차한 사람들이 아침 일찍부터 3개의
루터를 통해서 줄줄이 산 정상을 향해 올라가는 모습을 볼 수 있다.
너도밤나무나 상수리나무 숲을 이은 좁은 길은 점차 더 험해져 꾸불
꾸불한 산길은 급경사를 이룬다. 절기상으로는 가을이라 해도 아직
까지 늦더위가 혹독한 시기이다. 제법 힘든 여정이지만 그래도 쉬지
않고 계속 올라가면 얼마 되지 않아 산위의 확 트인 장소에 다다르
게 된다. 그곳에서 부터는 3개의 정상이 연결되어 완만한 고저가 반
복되는 산등성이를 따라 모당(姥堂), 염마당(閻魔堂), 대일당(大日堂),
관음당(観音堂), 지장당(地蔵堂), 중당(仲堂 勢至堂), 아미타당(阿弥陀
堂)이라는 명칭을 가진 작은 당들이 산재해 있다.

당에는 막이 둘러쳐져있고 깃발을 세우는 등 각각 취향을 살린 장
식이 있다. 또 당 앞의 뜰에는 차양막이 쳐져 있고 그 아래에는 아귀
를 위한 공양단이 설치되어 과자나 꽃, 경단 등 공양물이 진열되어
있다. 사람들은 제각각 이러한 당사를 순례하며 공양물을 올린다.

숲 공양은 아귀단 앞에서 행해진다. 승려의 독경 소리가 울려 퍼
지는 가운데 하카와카제(墓若者)라 불리는 청년이 불상 앞에 꽃을
바치면서 「꽃물(花水)을 올립니다.」・「찻물(茶水)을 올립니다.」라고
말하면서 단의 중앙에 놓여있는 「삼계만령탑(三界萬霊塔)」에 번갈
아 가며 물을 끼 얻는다. 그 광경을 보며 참배자들은 손을 모아 각
자가 생각하는 사람의 명복을 빈다. 참배를 마치고 비탈길을 내려가

미츠모리야마(三森山) 아귀공양

면 '얏코'라고 불리는 그 지방 아이들이 기다리고 있는데 이들을 아귀의 화신이라 생각하고 참배자들은 아이들에게 잔돈을 주는 습관이 있다. 옛날에 비하면 방문하는 사람들의 수가 많이 줄었다고 하지만 그래도 이렇게 많은 사람들이 어떠한 연유에서 매년 미츠모리야마를 찾는 것일까.

그 방문 목적은 먼저 세상을 떠난 친족이나 연고자의 공양을 위해서이다. 산위에 있는 여러 당에는 산기슭의 사원에서 온 승려나 그 지방의 도우미가 있고, 탑파(塔婆)[7]에는 고인의 계명(戒名)과 기일을 쓸 수도 있다. 참배자는 가까운 사자와의 추억을 가슴에 안고 산을 방문하는 것이며, 그 곳에서 사자의 편안한 내세를 기원하면서 여러 가지 공양을 한다.

이 산에 오면 고인과 닮은 인물을 만 날 수 있다는 말이 전해지고 있다. 실제로 망자의 목소리를 들었다는 말을 하는 사람도 있다. 늦

---

7) 졸탑파(卒塔婆, 솟토파)라고도 하며 불교의 범자나 경문 구절 등을 적어 묘지에 세운 쪽이 탑처럼 뾰족하고 갸름한 나무판이다. 고인이나 조상을 공양하는 추선공양의 목적으로 세운다. 이 탑파를 세우는 것이 '선(善)'을 쌓는 것이라 여기고 고인의 명복과 연결된다고 생각했다. 또한 탑파 공양이 조상의 선을 쌓을 뿐만 아니라 자신의 선행이라 여겨 장려되고 있다. 탑파의 기원은 탑을 세워 그곳에 석가의 유골을 안치시켜 공양해온 것에서 유래한다. 그래서 탑파는 공양탑이라고도 한다.

여름 미츠모리야마의 이 이틀간은 사자들의 영이 가득 찬 산이 된다. 그곳에는 현세와 타계를 연결하는 문이 열려 산자와 죽은 자가 직접 접하면서 고인의 존재를 느낄 수 있다고 믿고 있다. 동북지방에서는 미츠모리야마 이외에도 '모리(森)'라는 글자를 달고 있는 산이 많이 있다. 그 산에 '숲 공양'이라 불리는 선조공양 풍습을 남기고 있는 지역도 적지 않다. 쯔루오카시를 사이에 두고 미츠모리야마와 동서로 대치하는 위치에 있는 고쇼지(光星寺)에서는 같은 시기에 숲 공양이 행해져 뒤쪽 높은 지대에 있는 당(堂)에 납골을 행하고 있다. 당내에 서는 산의 숲을 무대로 산자와 죽은 자의 교류가 지금도 활발하게 행해지고 있다.

이세伊勢의 콘고쇼지金剛證寺

사자가 머무는 산이라는 관념은 동북지방 이외의 일본열도 각 지역에도 있다. 긴테츠 토바센(近鉄 鳥羽線)을 마츠자카(松坂)에서 남쪽으로 내려가면 이세에 가까워지면서 진행 방향 쪽으로 검은 산체가 그 모습을 나타낸다. 이 산이 표고 555미터의 아사쿠마야마(朝熊山)이다.

산위에는 6세기 킨메이(欽明) 천황시대에 창건되어, 쿠카이(空海)가 본당 안쪽에 본존이나 영상(靈像)을 모신 건물인 오쿠노인(奧院)을 건립했다고 전해지는 '콘고쇼지(金剛證寺)'[8]가 있다. 이 절의 역사

---

8) 미에현(三重県) 이세시 아사마쵸(伊勢市 朝熊町)의 높은 산에 있는 임제종 남선사파(南禅寺派)의 사원으로 산 이름은 카츠보야마(勝峰山)이다. 본존은 허공장보살(虛空藏菩薩)이다. 아사쿠마야마 남쪽 봉우리의 동쪽 산허리에 있다.

가 실제로 쿠카이 시대까지 거슬러 올라가는지에 대해서는 확실하지 않다. 그 산위에서 12세기에 만들어진 경전(經典)·경석(經石)·경와(經瓦) 등을 묻고 만든 무덤을 말하는 경총(経塚)이 발견되었다. 그러므로 헤이안시대 후기에 이미 성지로 인정된 것은 확실하다.

황실의 조상신 아마테라스를 모시는 내궁(內宮)은 아사쿠마야마의 산기슭에 위치한다. 이 산이 이세신궁(伊勢神宮)의 동북방향에 해당하는 곳에서부터 콘고쇼지는 신궁의 귀문(鬼門)을 지키는 절로 여겨 신궁에 참배하는 사람들은 아사쿠마야마에 들러 참배하고 가는 것이 어느 사이엔가 관례가 되었다. 전전(戰前)에는 절에 참배하기 위한 로프웨이(rope way)가 있었다고 한다. 그러나 현재는 도보로 오르든가, 산마루로 이어져 뻗어 있는 관광도로인 이세시마(伊勢志摩)[9] 스카이라인(sky line)을 이용하여 차로 가는 방법만 있을 뿐이다.

아사쿠마야마는 미에현 이세시(三重県 伊勢市·鳥羽市)에 있는 산으로 정식명칭은 아사마가타케(朝熊ヶ岳)이다. 이 산의 능선 위에 있는 '콘고쇼지'는 조망이 좋은 절이다. 중요문화재로 지정된 에도시대 전기의 본당을 참배하고 경내의 안쪽으로 들어가면 하층부는 흰 몰타르, 상층부는 붉게 칠한 누각 문이 나온다. 용궁성(竜宮城)을 떠올리게 하는 극락문을 빠져나온 앞쪽이 오쿠노인으로 향하는 참배길이다. 납작한 돌을 깐 참배길 양쪽에는 사자공양(死者供養)을 위해 세운 높이가 최대 8미터에 이르는 거대한 공양탑인 졸탑파(卒塔婆, 솟토파)가 빈틈없이 세워져 벽을 이루고 있다. 「졸탑파 공양숲」이라 불리는 콘고쇼지 오쿠노인만의 독특한 광경이다. 우리들이 알고 있는

---

9) 율령국가 시대의 이세국(伊勢国)과 시마국(志摩国)으로부터 붙여진 지명으로 미에현 남동부에 해당한다. 지금은 관광지로 유명하다.

아사쿠마야마(朝熊山) 졸탑파의 공양숲

널판지 형태의 졸탑파와는 달리 이곳의 졸탑파는 단면이 정방형모양의 사각기둥이다. 마치 건축에 사용하는 기둥모양이다. 이것이 참배 길을 따라 하늘을 향해 지면에서 돌출된 것처럼 숲을 이루고 있다.

이세지방에서는 에도시대부터 가까운 가족이 죽으면 아사쿠마야마에 올라 고인의 공양을 위해서 졸탑파를 세우는 '산(岳) 참배'라는 관습이 있었다. 이 날도 꽃이나 여러 가지 공양물이 놓여있는 탑파를 볼 수 있었다. 또 고인이 사용한 모자나 안경이 걸쳐져 있는 것도 있었다. 졸탑파를 봉납한 후에도 연고자는 때때로 방문하여 망자의 모습을 떠올리며 편안히 잠들기를 기원했다.

참배 길에 놓여진 '졸탑파의 공양숲'의 해설판에는 「영험한 산인 아사쿠마야마에 졸탑파를 세워 망자의 추선보리(追善菩提)를 행하는 것은 망자의 영혼이 완전히 다른 세계에 가버리는 것이 아니라 현실세계의 산속에 모이는 타계(他界)가 있다는 산중타계관(山中他界観)이 고대부터 우리들에게 이어져오고 있기 때문입니다」라고 기록되어 있다.

아사쿠마야마가 예로부터 사령(死靈)이 머무는 산이라고 생각한 것은 여기에서는 절의 공식적 견해로 굳어있었다. 이러한 관념이 사람들의 발걸음을 이 산으로 향하게 하고, 지금도 계속해서 탑파공양이라는 행위를 지탱하는 근원이 되고 있다.

사자와의 중개자

때로는 사람들이 직접 사자와의 접촉을 통하여 그들의 의사를 파악하고 원하는 것을 해주려고 한다. 카와쿠라지장보살이 있는 츠가루(津輕)반도와 무츠만(陸奧灣)을 사이에 두고 마주보고 있는 곳이 시모키타(下北)반도이다. 지금은 이 2개의 반도를 훼리가 이어 주고 있다. 시모키타 반도에는 영지(靈地)10)로 유명한 오소레잔(恐山)이 있다. 전국에 그 이름이 알려져 참배자가 끊이지 않는 오소레잔이지만, 7월 하순 여름의 대제(大祭)에는 특히 많은 사람들이 이곳을 방문하였다.

에도시대까지 오소레잔은 영장이라기보다 오히려 경내에 샘솟는 온천을 이용한 병을 치료하는 장소로 이용되었다. 농한기에는 근처 사람들의 휴식과 사교의 장소이기도 했다. 지금도 경내에는 공동 목욕탕이 있고 참배자는 자유롭게 입욕할 수 있다. 그러나 이곳을 방문하는 사람들의 주요 목적은 온천에 들어가는 것이 아니다. 망자가 된

---

10) 신불의 영험이 짙은 곳으로 신사나 절 등 종교시설이 있는 신성한 장소를 말한다. 현재에도 기원을 위해 코호다이시(弘法大師)의 수행 유적지인 시코쿠(四国) 88개소의 영지를 순례하는 편로(헨로, 遍路) 수행자 등이 많이 왕래는 곳이 있다. 3대 영지로 오소레잔(恐山), 히에이잔(比叡山), 코야산(高野山)이 유명하다.

친족을 만나 그 목소리를 듣기 위해서이다.

대제 날, 오소레잔의 넓은 주차장은 버스와 승용차로 가득 찬다. 정문안쪽에는 임시 부스가 설치되어 이타코라고 불리는 무녀(巫女)가 의뢰에 응하여 죽은 사람의 뜻을 전해주는 공수를 행한다. 사람들은 이타코의 입을 빌려 하는 말을 지금은 죽은 부모나 자식, 배우자의 목소리라 생각하며, 생전의 모습을 떠올리고 명계에서도 평안한 생활을 하고 있다고 믿고 안도하며 귀가한다.

정문에서부터는 넓은 참배 길이 이어진다. 도중에 있는 산문을 빠져나가면 정면에 본당의 지장전이 우뚝 솟아있다. 본당을 참배한 후 왼쪽 단(柵)을 빠져나가면 지옥순례라 불리는 황량한 풍경이 펼쳐진다. 솟아 나오는 온천과 분출하는 증기와 가스를 옆으로 보며 바위 사이를 나와 이어지는 작은 길을 따라가면, 팔각원당(八角円堂)이라 불리는 건물이 있다. 당 안에는 고인이 몸에 지니고 있던 대량의 의복이나 수건이 봉납되어 있다.

오소레잔(恐山) 지옥순례

지옥순례를 빠져나오면 코발트색의 우소리(宇曽利) 호수의 수면이 펼쳐진다. 극락 해변 모래밭으로 고쿠라쿠하마(極楽浜)라 불리는 백사장의 둔치를 따라 많은 바람개비가 서있고 향이 피워져 있다. 호수를 향해 무언가 기원하고 있는 사람들도 있다.

대제(大祭)의 오소레잔에는 살아 있는 사람과 함께 망자도 모여 있다. 방문한 사람은 이 장소에서 친족인 망자의 존재를 느끼고, 여러 가지 방법으로 접촉을 시도한다. 망자의 생각을 들어 보려함과 동시에 고인에 대한 애정과 관심을 산 사람 쪽에서도 아직 잊어버리지 않았다는 것을 알아주었으면 하는 것이다. 지금은 오소레잔과 하나의 세트가 되어버린 감이 있는 이타코지만, 죽은 자와 산자의 사이에서 교류와 매개 역할을 하는 무녀는 예전부터 동북지방에서는 그렇게 보기 드문 것은 아니었다. 카와쿠라 지장보살이 있는 곳에서는 7월 대제날 이타코가 있어 망자가 하고 싶은 말을 전해준다.

야마가타현(山形県) 나카야마쵸(中山町)는 아테라자와센(左沢線)의 우젠 나가사키(羽前長崎)역이 있는 곳이다. 야마가타시의 서쪽에 위치하고 그 배후에 하쿠타카(白鷹) 산지를 끼고 있는 농촌지대에 있다. 산기슭을 따라 남북으로 뻗어있는 길을 서쪽으로 꺾어 급경사지를 올라 산지를 가르는 바위계곡이라는 곳에 18야 관음당(十八夜観音堂)이 있다. 아무도 살지 않게 된 산속 마을에 남아있는 이 당사에는 일찍이 오나카마라는 눈먼 무녀가 점이나 기도, 신내림, 부처내림 등을 행했다고 한다. 그 때 사용했던 주술도구가 대나무 '신체(神体)'를 삼베로 여러 겹 두른 도도사마로 불리는 '신체'이다. 언뜻 보면 토노(遠野)지방에 전해지는 오시라사마[11]와 아주 비슷하다. 도도사마와 더불어

---

11) 일본 동북지방에서 주로 믿었던 집안 신이며 일반적으로 누에 신·농업 신·

이와야(岩谷) 18야관음당(十八夜観音堂)

오나카마가 사용한 이라다카(苛高)의 묵주·재궁(梓弓, 아즈사유미)12) 등이 지금은 나카야마쵸의 역사 민속자료관에 전시되어있다.

　오나카마(무녀)가 되기 위해서는 소녀시절부터 엄격한 수행이 부과된다. 장기 수련을 하고 실제 신내림을 받아야 처음으로 독립된 한 사람의 무녀로 인정받는다. 일반인은 감당해 낼 수 없는, 가혹한 수행이 오나카마가 가진 주력(呪力)에 대한 사람들의 신뢰의 근거가 되었다. 역사 민속자료관에 있는 이라다카의 묵주에는 그 초인적인 힘을 과시하듯이 곰이나 멧돼지의 송곳니·자색조개·비취·옛날 돈 등이 끼워져 있다. 동북지방에서는 쇼와(昭和)시대 중반까지 마을마다 공수나 점을 치는 무녀가 있었다. 사람은 불행이 계속되거나 결단을

말의 신이라고 알려져 있다.

12) '아즈사 유미(梓弓)'라고 하여 신사(神事) 등에 사용되는 가래나무로 만들어진 활이지만 재질에 관계없이 활을 '아즈사 유미'로 부르는 경우도 있다.

내리기가 어려울 때 죽은 조상의 지혜를 빌리고자 했다. 그것은 동북 지방에만 있는 현상은 아니었다. 일본열도에는 오본(盆)이나 히간(彼岸)[13] 등의 특정한 시기뿐만 아니라 기회가 있을 때마다 산자는 죽은 자와의 의사소통을 시도했다.

개의 신사와 고양이의 신사

최근에 와인 생산지로 알려져 있는 야마가타현 타카하타(山形県 高畠)마을은 이사벨라 버드(Isabella Lucy Bird, 1831-1904)[14]가 『일본오지기행(日本奥地紀行)』에서 그 인상을 「아시아의 무릉도원」이라고 묘사한 오키타마(置賜)분지의 한 편에 있다. 타카하라는 분지의 전원풍경에 융화된 조용한 분위기의 마을이다. 여름 단 하루, 평소에는 찾아오는 사람이 없는 이 타카하타(高畠町)마을 산간 한 편에 때 아닌 사람으로 북적인다. 사람들이 방문하는 곳은 코야스(高安)에 있는 개의 신사와 고양이의 신사로 불리는 두 곳의 신사이다. 100미터 정도 떨어져 세워져 있는 이 두 신사의 제신(祭神)은 각각 개와 고양이이다. 7월의 네 번째 토요일에 각지에서 수 백 명의 참배자들이 이 신사에서 애완동물의 공양을 행하고 있다.

공양은 두 신사의 별당사(別当寺)[15]에 있는 승려에 의해 쇼와시대

---

13) 춘분이나 추분의 전후 3일간을 합한 7일간으로 이때에 행하는 불교행사를 히간에(彼岸会)라고 하며 히간에 법요는 일본의 독자적인 것이며, 현재 히간의 불사는 정토사상과 연결지어 설명하는 경우가 많다.
14) 19세기의 대영제국의 여행가이자 탐험가·기행작가·사진작가로 저서인 『일본오지기행(日本奥地紀行)』과 『조선기행(朝鮮紀行)』이 있다.

때 세워진 굵은 목제탑파 앞에서 행한다. 탑파에는 범자(梵字)와 함께 「개나 고양이의 영을 위한 공양탑(為畜犬猫之靈供養塔)」이라는 글자가 쓰여 있다. 의식에서는 독경과 분향을 행하며 키운 주인과 죽은 애완동물의 이름을 차례로 읊어 올린다. 그 옆에 있는 주차장에는 그 지방주민의 특산품인 포도나 야채, 절여서 담근 음식 등을 파는 가게가 즐비하여 제삿날과 같은 분위기를 자아내고 있다.

두 신사는 양쪽 모두 창건된 유래가 전해지고 있다. 전승에 따르면, 개의 신사에 대한 유래는 멀리 나라(奈良)시대의 화동(和銅, 708-715)연간으로 거슬러 올라간다. 그 당시 수도에서 하향한 관리가 매년 봄과 가을에 연공대신 어린아이를 바치도록 명했다. 마을사람들이 몹시 난감해하고 있을 때 카메오카 문수당(龜岡文殊堂)에 참배하고 돌아가던 중에 길을 잃고 헤매다 이 마을에 숙박한 맹인(자토우座頭, 에도시대에 맹인 계급의 하나)이 있었다. 그 맹인은 관리가 카이(甲斐)국16)의 갈색과 흑백의 털이 섞인 '삼모견(三毛犬)'과 4가지 색의 털을 가진 '사모견(四毛犬)'을 싫어한다는 것을 몰래 듣고 그 개들을 카이국에서 일부러 주문하여 마을 사람들에게 맡겼다.

술잔치에서 관리가 정신없이 술에 취해 있을 때 두 마리의 개를 풀어 놓자, 안에서 격렬한 난투가 벌어졌다. 싸움이 가라앉은 후, 방을 살펴보니 거기에는 여러 마리의 늙은 살쾡이의 사체가 흩어져 있고, 중상을 입은 개들이 있었다. 마을 사람들은 이때 입은 상처로 인

---

15) 신불습합(神仏習合)이 이루어졌던 에도시대 이전에 신사관리를 위해 두었던 절이나 신 앞에서 독경 등 신사의 제사를 불교식으로 행하고 그 주관자를 별당이라 했던 것에서 별당이 있는 절을 별당사라 칭했다.
16) 7세기에 성립한 율령제도 하에서는 토카이도(東海道)에 속하고 스루가국(駿河国)부터 카이국(甲斐国)에 통하는 별도의 선로가 있었다고 한다.

고양이의 신사   개의 신사

해 죽은 두 마리의 개를 마을을 지키는 신으로 모셨다. 그것이 이 신사의 유래라고 한다. 일찍이 이 지방에는 코야스(高安)라고 하는 고유종의 개를 키우고 있었는데, 그것이 '삼모견'과 '사모견'의 자손이라고 전해지고 있다.

산중턱에 있는 개의 신사에 비해, 고양이의 신사는 트인 전원 가운데 있다. 둥근 묘와 같은 작은 언덕 위에 세워져 있다. 이 신사의 연원은 헤이안시대 초기의 연력(延曆, 782-805)연간으로 알려져 있다. 현재의 사전(社殿)은 옆면의 삼각형 모양의 지붕아래 부분에 붙인 널빤지인 소형 파풍(破風)이 달린 훌륭한 건물이다.

그 당시 코야스 지방에 대대로 마을 촌장을 지내던 신앙심 깊은 부부가 살고 있었다. 아이가 없는 두 사람은 삼모묘(三毛猫) 한 마리를 키우고 있었다. 이 고양이는 부인이 가는 곳은 어디라도 따라 다녔는데, 화장실에서는 천장을 노려보며 계속 소리를 질렀다. 기이하게 생각한 남편이 울어대는 고양이의 머리를 쳐서 자르자 그 머리는 하늘 위로 날아 천정 뒤쪽에 숨어 있던 큰 뱀에게 물렸다. 이전에 '삼모견'과 '사모견'에게 죽임을 당한 살쾡이의 피를 맛본 큰 뱀이 늙은 살쾡이의 원한을 없애려고 부부를 노리고 있었다. 이 사실을 안 부부와 마을 사람들은 이 고양이를 신으로 모셨다. 에도시대 이후는 코야스 마을의 고양이 신은 누에의 천적인 쥐를 막는 양잠의 신으로 신앙을 모았다고 한다.

지금 개의 신사나 고양이 신사를 방문해보면, 각 신사에 많은 개와 고양이의 사진이 붙어 있다. 메모도 첨부되어 있다. 죽은 애완동물의 공양을 위한 것이 대부분이지만 애견, 애묘의 건강장수를 기원하는 글도 섞여있다.

개와 고양이가 늙는 것은 빠르다. 발아래에 달라붙어 장난치던 강아지가 순식간에 다 큰 개가 된다. 머지않아 귀와 눈이 멀고, 이가 쇠약해지며 발걸음도 불안정하게 된다. 그리고 인간의 어린아이가 성인이 되는 것보다 더 빨리 노쇠하여 죽게 된다. 빨리 돌아가는 필름처럼 진행되는 애견과 애묘의 생에 대해 혼란스러워하며, 주인은 조금이라도 시간의 흐름이 느려져 함께 지내는 날이 하루라도 더 많기를 기원했다. 그 사후에는 손에 남은 따스한 감촉을 떠 올리며 애완동물이 편안히 잠들기를 기원하며 다음 생에서의 재회를 기원한다. 그 마음이 개의 신사, 고양이 신사에 붙어있는 사진과 남긴 말에서 넘쳐흐르고 있다.

흔들리는 사생관

산 사람에게 있어 죽은 사람은 과거의 존재일 뿐이다. 그럼에도 불구하고 이 세상에서 그 자취가 없어진 사람이나 동물을 인간은 왜 계속 상기하는 것일까. 또 어떤 공원에서 나이든 여자가 털이 빠진 작은 개의 박제를 껴안고 안쓰럽게 어루만지고 있는 광경을 본 적이 있다. 때로는 미칠 것 같은 간절한 마음으로 우리들은 왜 죽은 존재의 자취를 추적하는 것일까. 사람은 단지 인연이 있는 망자만을 생각하는 것은 아니다. 그들의 사후 생활에도 깊은 관심을 가지고 있다. 저승에서 만족스러운 생활을 하고 있을까? 고생하고 있지 않을까? 무언가 필요한 것은 없을까? 덥고 춥고 배고프지는 않은가? 또 외롭지는 않을까 등 마치 살아 있는 사람을 대하는 것처럼 죽은 사람에 대해서 세심한 배려를 하고 있다.

언제인가 방문한 겨울의 묘지에서 묘석에 윗옷이 걸쳐져 있는 것을 보았다. 묘소 안에 잠든 고인이 추워서 얼지도 모른다고 생각하여 생전에 애용하던 옷을 입혀 놓은 것이다. 카와쿠라 지장보살에도 추운 계절이 되면 목에 목도리가 둘러져 있고, 따뜻한 솜을 넣은 옷이 입혀져 있는 모습이 눈에 띈다.

지금 일본에는 불교적인 장송문화가 정착되어 있다. 누군가가 죽으면 승려를 불러, 유골을 집안묘소(家墓)에 넣어 모시는 것을 당연하게 생각한다. 또 한편으로 그러한 전통의례가 큰 변용과정에 있는 것도 사실이다. 핵가족화가 진행되어 유지 할 수 없는 집안묘소가 늘어 공양해주는 사람이 없는 망자가 급증하고 있다.

장례식 없이 사후 곧장 화장만으로 장례를 간단히 끝내는 '직장(直葬)'이 널리 퍼지고 있다. 또 고인의 유골을 펜던트 등으로 가공하여 몸에 지니고 다니는 테모토 공양(手元供養)17)이 유행하고 있다. 한

---

17) 지금 이 공양방식은 종래의 형식에서 벗어나 개인의 생활 스타일이나 기분에 따라 목걸이 미니 유골병·팔찌·브로치·반지 등 다양한 형태로 몸에 지니고 다니는 것을 말한다.

편, 화장 후에 유골을 인수하지 않고 화장장에서 적당히 처리해 달라고 부탁하는 사례도 증가하고 있다는 이야기도 들었다. 장송의례의 형태도 다양화되고 집안묘소인 하카(墓)를 이용하지 않는 자연장이나 수목장이 각지에서 이용되고 있다.

이러한 변화는 어디로 향하고 있는 것일까. 원래 장례식은 하지 않으면 안 되는 것이었을까. 산자와 죽은자 사이에 있어야 할 관계라는 것은 어떤 것일까. 이러한 의문에 답하기 위해서는 우리들이 당연하게 생각하며 받아들이고 있는 오늘날의 장송의례와 사자공양의 풍습이 언제 어떠한 과정을 거쳐 성립되었는가라는 문제에까지 시야를 넓힐 필요가 있다. 지금 행해지고 있는 불교식 장송문화가 정착하는 전제로서, 그것을 필요로 하는 사회적 문화적 조건이 있었을 것이다. 그것은 의례를 지탱하는 세계관이나 사생관이 있었을 것이다.

전통적인 장송문화가 흔들리고 있는 것은 그 토대가 되어온 세계관과 사생관이 동요하고 있다는 것을 나타내는 것이다. 그것은 언제부터 시작되어 지금 어느 방향으로 움직이고 있는 것일까. 그 변동의 끝에 도대체 무엇이 기다리고 있는 것일까.

근대화의 끝에서

지구 규모의 환경오염이나 원자력 발전소의 사고에서 볼 수 있듯이 근대화에 의해 초래된 모순과 폐해가 세계 각지에서 일어나고 있다. 과학기술과 생산력의 발전에 의해 일찍이 없을 정도로 많은 사람들이 정보나 물질적인 면에서 은혜를 받고 있는 한편, 그곳에서 소외된 사람들 사이에서 발생하는 차별이나 불공평은 점점 더 확대되어

가고 있다.

그와 더불어 심각한 문제가 되고 있는 것은 비열한 따돌림이나 인터넷상의 악질적인 댓글에서 보이는 '심적 열화(劣化)'라 할 수 있는 상황이다. 내셔널리즘의 비정상적인 고양과 공공장소에서 특정 인종이나 국적·사상·성별·장애·직업·외모 등의 개인이나 집단이 안고 있는 결점이라고 생각되는 것을 중상모략 비방하며 차별하는 현상인 헤이트 스피치(hate speech) 등도 같은 맥락에서 발생된 현상이라 볼 수 있다. 일본사회는 표면적으로는 성숙 정도가 깊고, 특히 공공질서와 예의는 세계인들에게 높은 평가를 받고 있다. 그러나 그 밑바닥에는 인격의 붕괴를 의심 할 수밖에 없는 그러한 현상이 깊고 조용하게 진행되고 있다. 일찍이 인류가 근대화의 첫 걸음을 내딛을 때 사회가 진화하면 여러 가지 문제는 저절로 해소될 것이라 생각했다. 그러나 일본열도의 성숙된 문명의 그늘에서 계층 간의 격차가 심화되고 인터넷상에서는 타인을 비방하는 댓글이 만연하고 있다. 무인도의 영유를 둘러싸고 국민간의 증오가 격화되어 근대이전에는 생각할 수 없었던 사태도 일어나고 있다. 문명의 진보가 역으로 사회문제를 심각화 시키는 시대가 되었다.

나는 이러한 두드러진 오늘날의 과제의 부상이 앞에서 서술한 세계관과 사생관의 변모와 깊은 관계성이 있는 것으로 생각한다. 장기적인 시점에서 사생관의 해명은 산자와 죽은자의 관계라는 시점에서 현대의 정신상황의 특수성을 조명해내고, 오늘날의 사회가 안고 있는 병폐의 연원에 빛을 비출 수 있을 것이다.

이러한 문제의식을 가지고 본서에서는 일본열도에 남아 있는 산자와 죽은자들이 기쁨을 나누는 풍경을 살펴보고자 한다. 산자와 죽은자가 여러 요소로 구성한 독자적인 문화 형성과 정착을 중세 이래의 긴 기간을 살펴보며 명확히 하고자 한다. 또한 그러한 문화를 규정한 사생관을 깊이 있게 파헤쳐 볼 것이다. 그 작업을 통해서 과거의 장송의례의 변용을 자리매김하기 위한 좌표축을 찾아내어 미래를 향해 산자와 죽은자의 관계를 재구축해 가기 위한 소재를 제시하는 것이 본서의 목적이다.

또한 더불어 본 서적에서는 인간은 왜 끊임없이 계속해서 죽은 자를 찾고 있는 것일까. 그 원인을 추구하고자 한다. 두 번 다시 만날 수 없는 사람을 희구하는 것이 인간의 본성으로 되어 있다. 우리 인간이라는 존재의 본질에 대해 사색해 보고자 한다.

제**1**장
묘비가 서있는 풍경

일본인과 성묘

일본열도에는 계절을 꾸미는 다양한 연중행사가 있다. 그 중심이 되는 것이 히간(彼岸)과 오본(盆)의 성묘에서 대표적인 사자공양의 의례이다. 지금은 바캉스나 해외여행의 대명사가 되어버린 관광하는 오본이지만 그래도 그 시기가 되면 묘지는 꽃으로 메워지고 향냄새가 넘쳐난다.

나도 오본에는 시골에 있는 묘지를 찾아가 꽃을 꽂고 향을 피우는 것을 오랫동안의 습관처럼 해오고 있다. 우리 집안의 조상대대로의 묘지는 미야기현(宮城県)의 가장 남쪽 마을인 마루모리쵸(丸森町)의 고사이(小齋)라는 곳에 있다. 에도시대는 다테가(伊達家)를 섬기던 소영주였다. 옛날 영지였던 마을이 내려다보이는 높은 산중턱에 에도시대 초기 이래의 역대 묘비가 줄지어 서있다. 마을을 에워싸고 있는 산의 산기슭을 따라 늘어서 있는 집 앞에는 황금빛으로 물들기 시작한 논이 펼쳐져 있고 그 위로 파도를 일으키며 지나가는 바람이 보인다. 아득히 먼 저쪽에는 전원지대를 여러 갈래로 후쿠시마현 동부로부터 미야기현 남부를 흐르는 강인 아부쿠마 가와(阿武隈川)의 수면이 빛나는 띠처럼 반짝이고 있다.

나도 언젠가는 이 묘지에 잠들어 때때로 연고자의 방문을 기다리면서 그리운 고향 풍경을 바라보게 될까. 문득 그런 생각이 들면서 항상 그곳에는 묘지에서 잠든 사자의 눈길로 마을을 보고 있는 자신이 있었다. 지금 일본의 국민행사가 된 성묘 습관은 언제 어떻게 생겨났을까. 실제 그 역사는 의외로 얕고 대중의 성묘가 일반화된 것은 에도시대 중기 이후였다.

　우리들이 방문하는 묘지 모습을 떠올려 보기 바란다. 묘지에는 사각기둥 모양의 묘비가 줄지어 서있다. 요즘은 그 표면에 새기는 글도 다양화되었지만, 「○○집안 선조 대대의 묘(□□家先祖代代之墓)」라는 스타일이 지금도 다수파를 차지하고 있다. 묘비 아래에는 카로토(唐櫃)라고 불리는 공간이 있어, 그곳에 고인의 화장한 뼈를 넣도록 되어있다. 오늘날의 묘의 전형이 된 이러한 형태의 묘소가 널리 보급된 것은 화장이 정착한 전후(戰後) 고도성장기가 되어서였다. 그 이전의 묘소는 토장이 주류였기 때문에 집합묘의 형태를 형성하지는 못했다. 망자 한사람을 매장할 때마다 한 개의 묘비를 세워 개인의 계명이나 법명을 새기는 형태가 주류였다.

　오래된 묘지에는 이렇게 개인마다 묘표를 세우는 것이 조금도 희귀한 것이 아니다. 근세로 거슬러 올라가는 유서 있는 묘지 정도가 되면 자연석을 가공하여 형태를 갖춘 묘석이 나란히 서있는 광경을 볼 수 있다. 그러나 사자의 이름을 기록한 묘표는 에도시대 초기를 경계로 뚝 끊어지고 만다. 아무리 오랜 역사를 자랑하는 집안이라도 전국(戰國)시대를 살아온 조상 묘를 세우는 집안은 거의 없었다. 하물며 중세시대인 무로마치시대나 카마쿠라시대가 되면 당시의 묘를 발견하는 것은 거의 불가능하다. 묘표를 세우지 않았던 중세 사람들은 도대체 어떻게 망자를 장례하고 그 공양을 했던 것일까.

최대의 중세묘지 발견

중세인은 묘지를 만든 적이 없었던 것일까. 그렇지는 않았다. 중세에도 묘는 있었다. 이야기는 1984년으로 거슬러 올라간다. 이 해에 시즈오카현 이와타시(静岡県 磐田市) 교외의 언덕에서 대규모의 중세묘지가 발견되었고, 그 후에 '이치노타니 유적(一谷遺跡)'으로 명명되는 일본열도 최대의 중세묘지가 발견되었다. 잡목림이 무성했던 낮은 언덕을 정리해서 주택으로 분양하려고 했을 때 발견된 것으로 3000기나 되는 대량의 묘지가 언덕 일면을 덮어 씌우 듯 세워져있던 것이 확인되었다.

이와타시는 예전에는 미츠케(見附)라는 이름으로 불렸다. 미츠케에는 고대 이래 토오토우미(遠江)의 국부(国府, 코쿠후)1)가 있어 이 지역의 중심도시로서 또 토카이도(東海道)의 숙역(宿駅)2)으로서 매우 번성했던 곳으로 알려져 있다. 미츠케의 서북 경계에 위치하는 이치노타니 유적은 마을 주민들의 공동묘지였던 것이다. 이 유적의 조사는 개발과 파괴를 전제로 한 것이었지만 거대한 중세묘지가 잠자고 있는 것이 밝혀지면서 중세사학자나 역사 고고학자를 중심으로 열정적인 보존운동이 일어났다. 그러나 개발업자가 행정의 지지를 받고 파괴를 강행하여 언덕은 유적과 함께 흔적도 없이 사라졌다. 지금은 주택지가 되어버린 유적지의 한 모퉁이에 있는 공원에

---

1) 나라시대부터 헤이안 시대에 영제국(令制国, 료세이코쿠)의 국사(国司, 코쿠시)가 정무를 집행하는 시설인 국청(国庁)이 놓여진 도시이다.
2) 교통이 편리한 곳에 여행자가 숙박하거나 짐을 운반하는 말을 갈아 탈 수 있는 곳으로 역참(驛站)과 비슷하다. 일본의 율령제도 아래의 역은 역마(驛馬)에 관한 각종 의무가 부가되었으며, 30리마다 숙박할 수 있는 역을 두었다.

재현된 이치노타니 유적

얼마 안 되는 묘의 복제품이 재현되어 있을 뿐이다.

이치노타니 유적은 자주 「중세묘제의 박람회」라 불릴 정도로 다양한 형식의 묘가 집중되어있는 것이 그 특색이다. 그 중에서 중요한 것이 3개가 있었다. 그 첫 번째는 한 변이 3미터에서 7미터 정도의 직사각형의 둔덕이 있고 그 주위에 도랑을 만든 봉분묘(墳丘墓)이다. 부부의 묘소인 봉분 내부에 2개의 관이 나란히 놓여있는 것도 있었다. 고분시대의 전방후원분(前方後円墳)에 비교하면 훨씬 작은 규모이지만 이정도로 만들기 위해서는 상당한 재력이 필요하다. 미츠케 마을에서 가장 높은 신분계층에 속하는 사람들의 묘소였던 것으로 추정된다. 같은 토장이라 하지만 땅에 방형의 구멍을 파서 묻기만 하고 봉분은 만들지 않는 묘지가 있었다. 이 묘는 토광묘(土壙墓)로 불리는 형태의 묘로 봉분묘 보다 낮은 계급의 사람들이 매장된 것으로 보인다.

세 번째는 화장된 유골을 묻는 집석묘(集石墓)이다. 여기에는 이 집석묘가 가장 많고 전체의 과반수를 차지한다. 일본에서는 근대에 들어와서도 어느 시기까지는 대부분이 토장이었다. 에도시대에도 토장이 압도적으로 많았다. 그 이전에도 당연히 토장이 주류를 이루었다고 생각할 수도 있지만 의외로 중세는 화장이 많이 행해졌다. 이치노타니 유적의 집석묘는 사방 60cm정도의 지면에 주먹만 한 큰 돌을 전면에 깔고 그 중앙에 화장한 유골을 넣었다. 이런 형태의 묘가 집중되어 있는 곳에는 돌밭이 겹겹이 이어져 주사위 모양을 한 강가의 자갈밭을 연상시키는 광경이었다고 한다.

여기에서 중요한 것은 이 3가지 형태의 묘가 모두 죽은 사람의 이름을 새긴 묘표를 세우지 않았다는 것이다. 흙 둔덕이 이어지고 작은 돌이 일면에 산재해 있어도 서있는 비석은 없었다. 3천기나 되는 묘가 있는데도 불구하고 여기에 매장된 사람의 이름은 한 사람도 알 수 없다.

우리에게 익숙한 고인의 이름을 적어놓은 묘표가 숲속의 나무처럼 빽빽하게 쭉 늘어서 있는 묘지의 광경은 에도시대 이후의 묘지에서만 볼 수 있는 특색이었던 것이다.

미야기宮城의 중세묘지

중세묘지의 대표로 시즈오카현의 이치노타니 유적을 예로 들었지만 전국적으로 보면 중세묘지는 결코 드문 것은 아니다. 내가 살고 있는 미야기현에도 많이 남아 있다. 또한 이치노타니 유적처럼 파괴되지 않고 예전의 모습을 연상할 수 있는 유적이 실재한다. 미야기현 나토리시(名取市)에 있는 '다이몬잔(大門山)' 유적이 그 하나이다.

상행선 신칸센을 타고 센다이역을 출발해 5분 정도 달려 나토리강에 걸쳐진 다리를 건너면 시가지를 벗어난 전원풍경이 펼쳐진다. 서쪽에는 낮은 언덕이 끊이지 않고 이어져있다. 그곳이 타카다테(高舘) 구릉이다. 자세히 보면 그 구릉 위에 몇 개의 큰 나무가 서있는 것이 보인다. 그곳이 쿠마노나치(熊野那智) 신사가 있는 언덕이다. 신사의 경내에서 센다이 평야를 넘어 태평양으로 이어지는 광경은 한번 볼만하다. 그 산기슭 일대가 타카다테라 불리는 지역으로 중세에는 미야기의 문화 중심지였던 곳이었다. 본고장 와카야마현 키이(和歌山県 紀伊)의 쿠마노(熊野)에서는 본궁(本宮)·신궁(新宮)·나치(那智)의 3사(三社)가 성지를 형성하고 있었다. 이 나토리시에도 산기슭에는 신궁과 본궁이 있다. 나토리의 쿠마노 삼사(熊野三社)에는 쿠마노산잔(熊野三山)을 신앙하는 이곳의 노녀가 1123년에 저 세상에서 신불 왕림의 계시를 빌거나 신불의 분령을 청하여 맞이하는 일인 권청(勧請, 칸죠우)을 했다는 '나토리 노녀'의 전설이 있다. 이 이야기가 사실인지 아닌지는 별도로 해도 나토리의 쿠마노 삼사의 역사가 헤이안시대까지 거슬러 올라가는 것은 틀림없다. 옛날부터 나토리에는 삼사가 건립되어 쿠마노 신앙의 세계를 만들어 내었던 것이다. 신궁(新宮, 현재는 쿠마노 신사)에는 카마쿠라시대에 서사(書写)된 3천 권이 넘는 부처가 설법한 경전을 망라한 일체경(一切経)이 현존하고 있다. 또한 거울처럼 둥근 동판에 부처나 보살상을 새긴 '카케보토케(懸仏)'라 불리는 본존도 다수 남아있다. 예전에 이 땅은 일대불교(一大仏教) 센터였던 것이다.

지금부터 방문하는 '다이몬잔' 유적은 쿠마노 신궁이 있는 장소에서 나치신사(那智神社)가 있는 산 쪽으로 들어간 골짜기에 있다. 지금은 완전히 수풀에 덮여져있다. 1980년대에 택지개발을 위한 예비

조사를 실시했을 때 묘지의 흔적이 발견되었고, 본격적인 발굴조사가 실시되었다. 그 결과 대규모의 중세묘지였다는 것이 판명되었다.

다이몬잔(大門山)유적

조사가 진행됨에 따라 묘지를 구성하는 다양한 요소가 밝혀졌다. 그 중에 가장 핵심적인 것은 이치노타니 유적에서도 발견된 화장유골용의 집석묘였다. 이곳의 집석묘는 자갈을 직경 40-150cm 원형으로 조립한 것으로 중앙에 화장된 뼈가 납골되어 있다. 발굴지에는 돌이 흩어져 있고 여기에도 자갈밭과 같은 광경을 자아내고 있다.

이 유적에서는 사서한 경전을 묻은 '경총(経塚)'이라 불리는 시설도 검출되었다. 주목되는 것은 이치노타니에서는 없었던 것이 다수 발견되었다는 것이다. 그것은 '판비(板碑)'이다. 판비는 그 명칭에서 상상할 수 있듯이 돌을 사각형의 판상으로 가공한 것으로 동일본·북일본을 중심으로 대량의 유품이 존재한다. 높이 수 미터에 달하는 거대한 것부터 30-40cm의 작은 것까지 그 크기는 각양각색이다. 카마쿠라시대 후반부터 남북조시대의 약 150년 간 집중적으로 제작되었고 그 총수는 없어진 것을 포함하면 10만기를 넘을 것으로 추정된다. 그 판비가 이 묘지에서 수백기가 쓰러져 넘어진 상태로 발견된 것이다.

판비板碑가 있는 영지

  나는 앞에서 중세는 근세와 달리 묘표가 없는 시대였다고 말했다. 판비는 묘지에 세우는 석비이다. 앞에서의 설명과 모순되는 것은 아닐까. 확실히 묘지에 세우는 석비라는 점에서는 판비, 묘비 모두 같다. 그러나 판비에는 근세의 묘비와는 결정적으로 다른 점이 있었다. 그것은 죽은 사람의 이름을 새기지 않았다는 것이다.

  여기에서 예로 들었던 것은 센다이시 아오바쿠 카타히라(仙台市 青葉区 片平)에 있는 센다이 대신궁(仙台大神宮)판비이다. 판비에는 거의 대부분이 범자가 새겨져있다. 범자가 묵으로 쓰여져 있는 것도 있다. 범자는 각각 대응하는 부처가 정해져있고 그것을 새기거나 묵서한 판비를 만드는 것은 불상을 제작하는 것과 같은 공덕을 얻을 수 있다고 믿었다. 이 판비의 경우 범자는 판면의 상부에 새긴 약동하는 문양이었다. '칸'이라고 하는 문자로 부동명왕(不動明王)을 가리킨다. 판비는 예배의 대상이 되는 성스러운 존재도 아니고 죽은 사람의 이름을 남기기 위한 묘비도 아니었다.

  단지 그중에서 가끔 특정 인물의 이름을 새긴 판비가 발견되기도 한다. 다이몬잔(大門山)유적에서도 「1309(延慶2)년 8월

센다이 대신궁(仙台大神宮)판비

52

11일, 우지자위도일 왕생극락고야(右志者為道一 往生極楽故也)」라는 문자가 있는 판비가 발견되었다. 1309(延慶2)년은 카마쿠라시대 연호로 서력 1309년에 해당한다. 이 판비에는 '도일(道一)'이라는 인물이 부디 잘 극락왕생하기를 기원하는 말이 새겨져 있다. 그러나 이에 대해서도 공양의 대상이 되는 인물의 이름을 기재한 것일 뿐 유체의 소재지를 가리키는 것을 목적으로 한 묘석은 아니었다. 유체나 유골과 같은 장소에 세워지는 필연성은 판비의 경우 전혀 없었던 것이다.

버블경제기의 개발쇄도에 의해 많은 중세유적이 그 모습을 잃어가는 가운데 많은 사람들의 이해와 협력으로 이 다이몬잔 유적이 보존된 것은 지금에 와서 보면 상상할 수 없을 정도로 깊은 의의를 가지게 되었다. 이 다이몬잔 유적처럼 판비와 화장된 뼈가 한 세트로 되어 있다는 점은 동일본의 중세묘지의 특색이었던 것이다.

다이몬잔 유적이 내려다보이는 나치신사(那智神社)에서 5km정도 남하한 같은 타카다테 언덕에 지카쿠(慈覚)대사가 창립했다고 전해지는 간죠지(岩蔵寺)라는 오래된 절이 있다. 쇼와시대의 주택개발 여파도 여기까지는 다다르지 않았다. 산을 배후로 봄에는 문 앞에 매실이나 벚꽃이 피는 풍요로운 녹음에 둘러싸인 작은 절이다. 여기에는 산중턱을 정돈한 평평한 장소에 에도시대에 건립된 약사당(薬師堂)이 있다. 최근 그 뒤쪽지점을 발굴하니 많은 돌 가운데에서 판비와 화장한 유골조각이 발견되었다. 판비와 집석묘로 형성된 전형적인 중세묘지이다. 주위의 환경이 손상되지 않고 지나간 경관을 그대로 남기고 있는 중요한 유적이다. 상세한 것은 앞으로 진행되는 조사결과를 기다려봐야 하겠지만 여기도 또한 중세로 거슬러 올라가는 근린주민의 장송지였다.

토코지東光寺의 판비군板碑群

조금 더 동북지방의 중세묘지에 대해 살펴보기로 하자. 다음에 소개할 것은 '센다이시 미야기노구(仙台市 宮城野区)에 있는 '토코지(東光寺)'이다. 소재지는 센다이시의 중심부를 사이에 두고 나토리(名取)와 남북으로 마주보는 위치에 있는 이와키리(岩切)이다. 이와키리는 고대의 관청이 있었던 타가죠(多賀城)에 가까운 지역으로 중세에는 무츠(陸奥)의 국부(国府)가 있었다. 도시 센다이가 아직 없었던 중세에 미야기의 문화적 중심이 나토리였다면 이와키리는 정치의 중심지였다. 이와키리는 동서로 나나키타(七北田)강이 흐르고 있다. 그곳에 놓여있는 이마이치교(今市橋)를 북쪽으로 건너가면 현민(県民)의 숲이 있는 타카모리야마(高森山)로 이어져있는 언덕이 있다. 그 언덕의 세 방면을 에워싸듯 토코지가 있다.

이 지역에는 현재에도 사원이 있다. 그 때문에 경내의 정비나 묘지의 정리로 옛날의 경관과는 많은 변화가 있었다. 또한 절 앞쪽을 지나가는 도로 확장공사로 인해 석불이 새겨진 석굴이 소멸되는 사건도 있다. 그래도 이 땅은 중세묘지의 모습을 간직하고 있는 중요한 장소로 남아있다. 토코지의 경우 중세까지 거슬러 올라가는 유적이 제대로 그 형태를 보존하고 있는 묘지 유적이 남아있지 않다. 지금 있는 것은 여기가 묘지였다는 흔적을 알려주는 다수의 판비뿐이다. 경내의 중턱에 일부러 울타리를 만들어 그 안에 세워져 있는 2기의 대형판비는 그 대표적인 것이다. 판비의 주변에는 마치 대형판비에 바짝 붙듯 점판암제(粘板岩製)의 소형판비가 줄지어 서있다. 판비의 앞쪽에서는 화장된 유골이 검출되었다.

지금 토코지 경내를 대형판비가 있는 울타리를 향해 올라가면 점점 뒤쪽에 펼쳐져 있는 전망이 눈에 들어온다. 눈앞에는 나나키타 강이 가로지르며 흐르고 있고 한걸음 더 올라갈 때 마다 센다이 평야를 멀리까지 바라볼 수 있다. 토코지 바로 옆에 있는 강가에는 예전에 시장이 서, 강 입구에서 배로 운반해온 물자를 여기에서 내려 국부(国府)에서 일하는 관리나 마을 사람들의 소비품을 조달했다.

'토코지'는 그러한 국부에 부수적인 사람들의 공동묘지이며 판비는 그 공양을 위해 세운 것으로 추정된다. 대형판비는 국부의 권력자의 것이었을 가능성이 높다. 그러나 극히 일부를 제외하고 이 판비에는 공양 받을 사람의 이름이 기록되어있지 않다. 여기도 마찬가지로 누가 이 묘지에 잠들어 있는지 알 수 있는 실마리가 거의 남아있지 않다.

미야기현 이시노마키시(石巻市, 구 河北町) 오노사키(尾崎)의 카이조안(海蔵庵) 판비군은 세 방향이 산으로 둘러싸여 나가츠라 해안(長面浦)을 내려다 볼 수 있는 높은 언덕에 있다. 오노사키 집락은 2011년 3월 11일 지진에 의한 해일로 막대한 피해를 입고 현재는 사람이 살 수 없는 상태가 되었다.

여기에는 '요리토모사마'라고 불리는 1287(弘安10)년의 명(銘)이 새겨진 판비를 시작으로 100기가 넘는 판비가 남아있다. 급경사면의 붕괴를 방지하기 위한 공사를 하기 위하여 현재는 새로 평지를 조성하여 나란히 세워두었지만 조사하는 도중에는 판비 앞쪽에서 화장된 유골이 발견되었다. 그 주변에서는 공양을 위해 바친 것으로 생각되는 둥근 돌이 출토되었다. '요리토모사마'에는 아버지의 35일 추선공양을 위해 건립되었다는 취지가 새겨져있다. 그 외에도 극락왕생이나 추선을 목적으로 한 것이 다수 있다. 이곳은 화장 유골의 매납(埋納)과 판비건립이 조합을 이룬 중세의 묘역이었다.

지금까지 살펴본 동북지방의 모든 중세 묘지에서 보이는 공통된 점은 판비이다. 이외의 유적에서는 돌에 불교 경전이 기록된 '경석(経石)'이 있었다. 또한 묘지가 조성된 장소는 모두 명승지라고 할 수 있는 산 중턱이나 산 정상의 경관이 좋은 장소였다. 그러한 명승지에는 묘지가 성립되기 이전부터 신성한 땅으로 고분이나 경전·경와·경석 등을 묻어서 만든 무덤을 말하는 경총(経塚)을 짓는 경우가 많았다.

그러한 조건을 갖춘 명승지에 고인의 유체나 유골을 옮겨 토광묘(土壙墓)나 집석묘를 만들어 매장하고 판비나 석탑을 세워 '경석'을 안치하여 공양하는 형태가 동북지방 사자공양의 전형이었다.

명승지에 만들어진 묘지

일본 동북지방의 중세묘지의 특색은 동일본 일대에서 공통적으로 보이는 특색과 같다. 1984년 케이힌(京浜)급행 카나자와 팔경역(八景駅) 가까이 경사진 곳에서 맨션건설의 사전조사를 위해 발굴을 하던 중 '야구라3)라 불리는 바위굴을 중심으로 이루어진 유적군이 발견되었다. 이곳에는 넓은 범위에 걸쳐 카마쿠라시대의 연호가 새겨진 판비인 1383(永徳3)년의 기년명(紀年銘)이 새겨진 '오륜탑'과 같은 타입의 석탑과 다량의 화장뼈·토장뼈가 출토되었다. 특히 주목할 만한 것은 유적의 가장 윗 쪽에 만들어진 사원유적이다.

---

3) 카마쿠라(鎌倉) 주변에서 카마쿠라시대 이후부터 무로마치시대 전반에 걸쳐 사용된 횡혈식 '납골굴' 또는 '공양당'이다. 현재에는 토사 붕괴나 주택개발로 소실된 것이 많으며 현재 남아있는 야구라도 풍화로 동굴입구 밖에 보이지 않지만 건립 당시의 내부는 호화스러웠다.

조교지(上行寺) 동쪽 야구라군 유적

　이 유적은 응회암(凝灰岩)으로 된 구릉의 정상부분을 깎아서 조성한 평지위에 있다. 평지의 서쪽과 북쪽에는 일부 암벽이 남아있고 각각 '야구라'가 만들어져있었다. 서쪽의 야구라에는 아미타불이 조각되어있고, 이것과 마주보듯 당집이 있었던 것이 밝혀졌다.

　이 당집에서 바라보면 서쪽을 향해 아미타불에 절하는 형태가 되고, 석양이 그 아미타불상 뒤로 지고 있는 형상을 이룬다. 헤이안시대 후반부터 일본에서 유행하던 정토신앙에서는 사후 먼 서쪽 피안에 있는 아미타불의 극락정토에 왕생하는 것을 이상으로 생각했다.

　이 시설을 만든 사람들은 아미타불에 참배하면서 내세의 구제를 기원하고 서쪽을 향해 지는 석양을 바라보며 피안정토에의 왕생을 염원했던 것으로 보인다. 애석하게도 '조교지(上行寺)' 동쪽 '야구라' 군 유적이라 명명되는 이 유적은 보존활동의 보람도 없이 '이치노타니' 유적처럼 그 후 개발에 의해 거의 완전히 소멸되고 말았다. 지금은 유적지 위에 세워진 맨션 옆에 유적의 가장 위쪽 부분만을 모방하여 재현해놓은 몇 개의 야구라가 남아 있을 뿐이다.

　그래도 유적이 있었던 고지대에 올라가면 그 전망의 훌륭함에 놀라지 않을 수 없다. 지금은 주택지로 묻혀버렸지만 예전에는 바다물이 유적이 있는 바로 아래까지 들어왔고, 바로 눈 아래에는 무츠라노츠(六浦津, 무츠우라노츠로도 읽음)로 불리는 항구가 있었다. 무츠라(六浦, 무츠우라로도 읽음)[4]에서 시작되는 길은 아사히나(朝比奈)를 가로질러 카마쿠라로 연결되며, 카마쿠라에서 소비되는 물자를 내리는 항구로서 많은 배들이 붐볐을 것이다. 당시 사람들은 전망 좋게 펼쳐진 언덕에서 정토의 모습을 갈구했고 고인이 사후에도 행복하기를 기원하며 유골이나 유체를 묻었다.

미우라(三浦)반도에서 해협을 가로막는 치바현(千葉県)의 이와토미성(岩富城) 유적도 근년의 발굴조사에 의해 묘지가 있던 영지로 확인되었다. 이 유적은 치바현 남부에 위치한 도시인 훗츠시(富津市)와 키미츠시(君津市)의 경계에 표고 100미터 전후의 언덕 위에 있다.

이곳에는 고대부터 사원이 세워져 있었지만 중세에는 사원들 중에서도 가장 높고 전망이 좋은 장소에 인공으로 평지를 조성하여 화장유골을 납골하기 위해 '골당(骨堂)'으로 추정되는 구멍을 파서 기둥을 세우는 건축방법인 굴건주(掘建柱)의 작은 당(堂)이 세워져있다. 이 유적지에 서서 보면 거의 360도로 전망이 펼쳐져, 우라가(浦賀) 수로에서 후지산(富士山)·탄자와(丹沢) 방면까지 한눈에 바라볼 수가 있다. 마치 명승지라 할 수 있는 고지대에 있는 그 입지조건과 펼쳐진 경관이 '조교지' 동쪽 유적과 흡사하다.

이 구역에서는 항아리에 들어있는 화장유골, 오륜탑, 「나무아미타불」 문언이나 『법화경』의 한 문구가 묵서된 경석(経石) 등이 출토되

---

4) 카나가와현 요코하마시(神奈川県 横浜市 金沢区)에 있는 지명으로 예전에는 무사시국(武蔵国 久良岐郡)에 속해 에도만(江戸湾)의 항구도시로 번성했다.

고 있다. 여기가 예전에는 정토신앙을 바탕으로 한 매장과 공양을 행하였던 묘지였던 것이다.

서일본의 공동묘지

시야를 조금 더 서쪽으로 넓혀 보자. 판비와 야구라는 동일본의 중세를 특징짓는 유물이다. 서일본에서는 거의 볼 수 없다. 판비가 없는 서일본의 중세에는 어떤 묘지가 세워졌을까.

JR나라선(奈良線)의 키즈(木津)역에서 서쪽 방향으로 5분정도 걸어가면 흔히 볼 수 있는 주택가 한편의 공터에 화강암으로 만든 거대한 석탑이 우뚝 솟아 있는 풍경이 눈에 들어온다. 이것은 '조교지' 동쪽 유적과 이와토미(岩富)유적에도 있는 오륜탑이라 불리는 석탑이다. 단지 이쪽이 훨씬 더 크다. 불상을 앉히기 위해 만든 평평한 자리인 사각형의 대좌(台座)에 둥근 돌이 올려져있고 그 위에 삼각형 지붕과 두 개의 장식 돌이 포개어 얹혀져 있다.

오륜탑을 구성하는 이 5개의 돌은 밑에서 순서대로 우주를 구성하는 5개의 요소인 흙(地)·물(水)·불

키즈(木津) 오륜탑

(火) · 바람(風) · 하늘(空)을 상징하고 있다고 한다. 그 때문에 각각 '윤
(輪)'자를 붙여 지륜(地輪) · 수륜(水輪) · 화륜(火輪)이라 부른다.

높이 3미터를 넘는 오륜탑은 지륜에 새겨진 명문(銘文)에서 「1292
(正応5)년에 키즈의 승려 22명이 주변 다섯 마을 사람들의 조력을 받
아 건립」되었음을 알려 주고 있다. 매년 봄 · 가을의 히간에 광명진언
과 아미타경을 독송하며, 그 공덕을 살아있는 모든 만물에 미칠 수
있게 하려는 목적으로 건립하였다. 지금은 주택지에 외따로 서 있는
오륜탑이지만 옛날에는 이 일대에 전혀 다른 경관이 펼쳐져 있었다.
에도시대까지 거슬러 올라가면 이 지역은 키즈 소우바카(木津惣墓)로
불리는 주변 다섯 마을의 공동묘지였다. 근대에 들어와 주변의 묘지
가 이전되고 이 석탑만 홀로 남겨졌다. 이전되기 전의 이 일대는 중세
이래의 수천에 달하는 석탑과 묘비가 늘어서있었다. 그런데 문제는
오륜탑이 세워진 카마쿠라시대이다. 공덕이 중생에게 미치게 하려는
목적으로 건립되었다는 이 탑은 구체적으로 어떤 기능을 수행해줄 것
을 기대했을까.

이 석탑이 건립된 당초부터 여기는 주변지역의 공동묘지였다. 여
기에 세워진 석탑은 특정 인물의 후생안온을 기원하기 위한 것도 아
니고 누군가의 유해 소재지를 가리키는 묘표도 아니었다. 이 묘지에
매장된 모든 사자의 구제를 목적으로 한 '총공양탑(摠供養塔)'이라 불
리던 것이었다. 동일본에서는 사자공양을 위해 묘지에 판비를 세우
는 경우가 많았다. 공양탑으로서의 판비가 담당했던 역할을 여기에
서는 오륜탑이 했던 것이다.

이코마(生駒) 산기슭에 있는 코시야마(輿山)의 왕생원(往生院)은 주
택에 파묻혀버린 이코마 계곡을 한 눈에 바라 볼 수 있는 전망이 좋
은 장소에 있다. 산위에 있는 왕생원의 본당 옆에는 1259년에 건립

된 호쿄인탑(寶篋印塔)5)이 있다. 본당 뒤쪽으로 돌아가면 그 처마 밑에 남북조시대 것으로 보이는 오륜탑이 자리 잡고 있다. 중세로 거슬러 올라가면 이곳은 이러한 호쿄인탑이나 오륜탑이 총공양탑으로 주변 사람들이 유골이나 유해를 매장하는 공동묘지였던 것이다.

일본열도에서는 헤이안 후기부터 각지에 새로운 집단묘지가 형성되기 시작했다. 그러한 움직임은 먼저 12세기에 쿄토와 가까운 지역이나 서일본에서 현저히 나타난다. 그곳에서는 묘지지역의 중심부에 오륜탑이나 호쿄인탑 등의 석탑을 건립하고, 그것을 총공양탑으로 유해나 유골을 매장하는 묘지가 확장되어가는 경우가 많이 보인다. 13세기말이 되면 키나이(畿內)6)에서는 키즈의 경우처럼 거대한 오륜탑을 총공양탑으로 집단묘지 건설이 활발해진다. 그러한 건립에서는

코시야마(輿山) 왕생원(往生院)

5) 묘탑(墓塔)·공양탑 등으로 사용되는 불탑의 일종으로 오륜탑과 더불어 석조(石造) 유품이 많다.

사이다이지(西大寺)[7]와 같은 율종(律宗)과 그 지배 하에서 활동한 '이(伊)'씨 성(姓)을 가진 대륙에서 온 석공집단이 큰 역할을 했다. 탑에 새겨진 글에는 '일결중(一結衆)·염불중(念仏衆)'이라 불리는 많은 사람들의 협력에 의해 실현되었다는 기록이 보인다.

이러한 총공양탑에는 많은 경우 후쿠도우(覆屋, 오오이도우, 사야도우)[8]가 설치되어 그 옥내에는 결연을 위해 납골이 행해졌다. 죽림사에 있던 카마쿠라시대의 율승(律僧)인 닌쇼(忍性)의 공양탑에도 복옥이 있고, 그 내부에는 다수의 유골함인 골장기(骨蔵器)가 수납되어 있었다. 지방 영주가 자신의 후생보리(後生菩提), 즉 사후불교 최고의 이상인 부처의 지혜를 얻기 위해 수행해야 할 길, 불과(佛果)에 도달하는 길을 위해 건립한 오륜탑이 점점 그 주위가 지역주민의 묘지화가 되어감에 따라 총공양탑이 된 예도 있다.

중세묘지로 선택된 곳은 대부분의 경우 약간 높은 언덕 위나 산중턱에 있는 전망 좋은 장소였다. 그러한 곳이 종종 명승지로 불리었다는 것은 이미 언급했다. 묘지가 되기 이전에는 경총(経塚)이 만들어지거나 고분이 있었던 명승지가 새롭게 주변주민의 공동묘지로 재

---

6) 일본에서는 왕성(王城), 황거(皇居) 등이 있는 수도 주변의 특별 구역의 이름으로 일본에서는 「우치츠쿠니(うちつくに)」라고도 한다. 야마시로(山城)·야마토(大和)·카와치(河内)·이즈미(和泉)·셋츠(摂津)의 5개국을 통칭한다.
7) 나라현 나라시 사이다이지 시바마치(奈良県 奈良市 西大寺 芝町)에 있는 진언률종 총본산의 사원으로 나라시대에 코우현 천황(孝謙天皇)의 발원에 의해 승려 조우토우(常騰)가 창건하여 초대주지직을 맡았다. 남도(南都) 7대 사찰의 하나로 나라시대에는 장엄한 가람을 자랑했으며 헤이안시대에 일시적으로 쇠퇴하였으나 카마쿠라시대 에이손(叡尊)에 의해 다시 부흥되었다.
8) 주로 본전을 보호하기 위해 설치한 건물로 사전(社殿)을 덮듯이 외측을 둘러싸고 있다. 전체를 둘러 싼 것도 있고 지붕만 설치하여 벽을 만들지 않은 것 등 그 형태는 여러 가지이다. 배전(拜殿)과 연결되어 있는 것도 많다.

생되는 경우도 있었다. 중세인은 묘지를 정하면 장사지낸 사자를 공양하기 위해 묘지구역 내에 석탑을 건립했다. 동일본은 판비, 서일본은 오륜탑이 대표적이라 할 수 있다. 공양탑에 의해 신성한 지역으로 구별된 땅에 유체나 유골을 옮겨와 그 후생선처(後生善処)를 기원했던 것이다.

성묘가 없는 시대

우리들은 지금까지 현대인에게는 그다지 익숙하지 않은 중세의 묘지에 대해 살펴보았다. 중세인도 묘를 만들고 가족이나 일가친척에 대해 정중히 애도했다. 사자를 애도하는 마음은 현대인이나 중세인이나 별반 다름이 없었다. 그러나 그 한편으로는 중세와 근세 이후의 묘에는 크게 다른 점이 있다. 가장 현저한 상이점은 중세 묘지에는 그 장소에 잠들어 있을 사자의 이름을 기록하고 보존하려는 지향성이 전혀 보이지 않는다는 점이다. 지금까지 발견된 최대 규모의 묘지인 이치노타니(一谷) 유적은 3천이 넘는 묘가 있었지만 누구의 유체나 유골이 매장되어있는지는 지금에 와서는 확인 할 길이 없다. 나토리(名取)의 다이몬잔(大門山) 유적에서도 코시야마(輿山)의 왕생원에서도 매장된 사람을 알아 낼 방법이 전혀 없다.

이와 달리 근세의 묘지의 경우는 그 묘지가 사용되지 않거나 초목에 묻혀버렸다 하더라도 묘비를 파내기만하면 그곳에 묻혀있는 인물의 이름을 알 수 있다. 그러나 중세묘지의 경우는 사정이 전혀 다르다. 아무리 석탑 등의 유물을 파내어도 거기에는 매장자의 이름이 새겨진 경우는 없었다. 중세묘지에서 사자는 기본적으로 익명의 존재

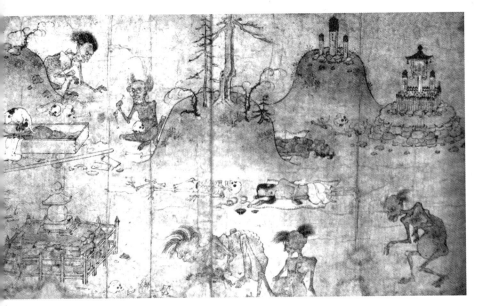

『가키소시(餓鬼草子)』 쿄토 국립박물관소장

였다. 그것은 다른 사료에서도 확인된다. 여기에 제시한 것은 12세기에 만든 『가키소시(餓鬼草子)』⁹⁾라는 두루마리 그림인 에마키(絵巻)의 한 장면이다. 이 에마키에는 구두쇠로 사람이 괴로워해도 조금도 도우려하지 않던 인물이 사후에 아귀가 되어 묘지를 떠돌아다니는 모습이 그려져 있다.

유체를 토장(土葬)한 것으로 보이는 흙 만두형의 원분(円墳)이 있고, 화장유골을 매장한 것으로 추정되는 돌 기단(基壇)에 오륜탑을 놓은

---

9) 지옥의 아귀도 세계를 주제로 한 에마키인 「정법염처경(正法念処経)」에서 설법하는 현세의 원인(業)에 대한 내세의 결과가 그려진 육도(六道) 가운데 아귀의 세계를 그린 것으로 헤이안시대 후기에 말법사상이 유포되어 육도에 대한 관심이 높아지면서 배경에 그리게 되었다. 쿄토 국립박물관본은 아귀의 구제에 관한 설화를 모은 것이다.

묘가 보인다. 이 훌륭한 묘들 사이에 간단한 의식만 끝내고 그대로 방치되어 있는 유해가 있다. 사체에는 개와 까마귀가 떼 지어 모여 있고 주변에는 유골도 널브러져 있다. 서민층에서는 사체를 묘지에 방치하는 쪽이 통상적인 형식이었을 것이다. 덥수룩하게 엉클어진 머리에 배만 볼록하게 나온 아귀들이 묘지를 돌아다니며 먹을 만한 유해나 유골을 물색하고 있다. 그러나 인간이 이 모습을 눈으로 볼 수는 없다.

이 시대의 장송의례의 대부분을 차지하는 사체를 묘지에 유기하는 풍장(風葬)에서 유해는 머지않아 썩어문드러졌다. 그렇게 되면 이 묘지에 누가 매장되었는지는 전혀 알 수 없다. 죽은 자의 익명화는 묘를 만들 수 없었던 서민층에만 보이는 현상은 아니다. 그림 속에서는 원분(円墳) 위에 졸탑파를 세운 묘가 있다. 돌로 만든 오륜탑을 얹어 놓은 형태도 보인다. 여기에 매장되어 있는 것은 꽤 신분이 높은 인물이거나 권세 있는 사람이었음이 틀림없다. 그러나 이렇게 치장한 묘에도 묻힌 사람의 이름을 후세에 남기려는 지향성은 전혀 없다. 석탑에 그 이름이 새겨진 것은 없었다. 여기에서도 묘지에 매장된 사자의 이름을 알 수는 없다.

왜 중세 사람들은 사자가 잠든 장소를 기록에 남기려고 하지 않았을까. 묘지에 오륜탑이나 판비를 세우는 것을 왜 사자의 공양과 연결 짓는 것일까. 그 배경에는 어떠한 세계관과 사생관이 깔려있었던 것일까. 이 문제에 깊이 들어가기 전에 다음 장에서는 중세 장송의례의 또 다른 대표적인 형태인 납골신앙을 살펴보고자 한다.

제2장
유골을 옮기는 가족들

코야산高野山 오쿠노인奧院의 성립

중세에는 망자의 이름을 새긴 묘표가 없었다. 중세는 묘지에 잠든 망자를 익명화하는 시대였다. 그러한 중세인의 죽음에 대한 관념을 보다 명확히 보여주는 것은, 당시 유행한 또 하나의 사자공양(死者供養)의 의례인 영지(靈地)에의 납골이다.

1180년 8월, 미나모토 요리토모(源賴朝, 1147-1199)가 이즈(伊豆)에서 반 헤이시(平氏) 거병을 일으켰을 때, 각지에서 거병에 호응하는 움직임이 일어났다. 그 가운데서도 쿄토를 중심으로 한 지방에서 눈에 띄었던 것은 코후쿠지(興福寺)를 중심으로 하는 남도 나라(南都 奈良) 지역의 악한 승병(僧兵)들이었다. 그 과격한 반 헤이시의 언동을 묵시 할 수 없게 된 타이라노 키요모리(平淸盛, 1118-1181)[1]는 아들인 시게히라(重衡)에게 대군을 주어 난을 평정하도록 하였다.

---

1) 헤이안시대 말기의 무장·공경(公卿)으로 이세(伊勢) 헤이시(平氏)의 동량(棟梁), 호겐(保元)의 난에서 고시라카와(後白河)천황의 신임을 얻어 헤이치(平治)의 난에서 최종 승리자가 되어 무사로서는 처음으로 태정대신(太政大臣, 다죠다이진)이 되었다.

같은 해 12월 28일, 나라 고개에서 시작한 남도 세력과 헤이시 측과의 전투는 순식간에 거세어져, 화재가 발생하여 나라 전 지역을 뒤덮는 대참사로 이어졌다. 8세기 이래의 전통을 자랑하는 남도 대가람(大伽藍)의 거의 대부분이 이 화재로 재가 되었다.

　단노우라(壇浦) 시모노세키(下關) 동쪽 해안, 1185년 이곳에서 벌어진 겐지와 헤이시의 싸움에서 헤이시가 멸망했을 때 남도를 공격한 대장군이었던 시게히라는 겐지측의 포로가 되어 남도에 보내졌다. 사형방법에 대해서는 불교 도시를 모두 태워버린 부처의 적이었기 때문에 가능한 한 잔혹한 수단을 취해야 한다는 의견도 있었지만, 결국 키즈(木津)의 하천에서 참수 당하게 되었다. 앞장에서 언급하였지만 키즈는 중세의 공동묘지가 있었던 장소였다. 그곳을 장송과 처형이 일상화된, 죽음의 그림자가 드리워진 세계였다.

　이 이야기에는 뒷이야기가 있다. 『헤이케이 모노가타리(平家物語)』[2]에 의하면 시게히라 사후에 처인 다이나곤 사덴(大納言佐殿)이 유체를 인수받아 화장하여 「유골을 코야(高野)에 보내어, 묘를 히노(日野)에 묘지를 만들었다」고 한다. 시게히라의 유골은 묘지에 묻힌 것이 아니라, 유골 일부가 처에 의해 코야산(高野山)에 안치된 것이다. 『헤이케이 모노가타리』에 의하면, 사후 유골이 코야산에 보내어진 인물은 이외에도 또 있었던 것으로 보인다. 또한 헤이시의 권력기반이 확고하였던 때이다.

　고시라카와(後白河) 천황의 왕림 하에 시시가타니(鹿谷)의 산장에서 일어난 헤이시 타도 음모가 폭로된 결과, 음모자의 한사람으로 헤

---

2) 카마쿠라시대에 쓰여진 헤이시 가문의 영화와 몰락을 기록한 군기이야기(軍記物語)이다.

이안시대 후기의 진언종의 승려였던 슌칸(俊寬, 1143-1179)은 카고시마현(鹿児島県) 오니가시마(鬼界島)의 이오지마(硫黄島)에 귀양 가게 되었다. 슌칸은 수도로의 귀환을 간절히 원했으나 그 꿈은 이루어지지 못한 채 세상을 떠났다. 극락왕생을 기원하며 아미타불의 명호를 기리고 사후 극락왕생을 믿는 '임종정념(臨終正念)'을 기원하는 단식의 결과라고 한다. 슌칸의 하인이었던 아리오우(有王)는 섬에 건너와 주군의 최후를 지킨 후, 그 유골을 목에 걸고 코야산에 올라 본당 안쪽에 본존이나 영상(靈像)을 모신 건물인 오쿠노인(奥院)에 봉납했다. 그 후 아리오우는 야마노우치(山内)의 렌게타니(蓮華谷)에서 법사가 되어, 각지를 순례하며 추선 공양하였다. 아리오우에게는 슌칸의 유골을 코야산에 옮기는 것이 바라는 극락왕생을 확실하게 하는 최선의 방법이었다.

코야산(高野山) 오쿠노인(奥院)

입정入定신앙의 보급

순칸과 시게히라의 유골이 보내어진 코야산은 코호다이시 쿠카이(弘法大師 空海)가 세운 절이다. 코야산 금강봉사(金剛峰寺, 콘고우부지)의 역사는 816년에 쿠카이가 이 산을 하사해 줄 것을 천황에게 간청하여, 허가를 받음으로 인해 시작되었다. 가장 먼저 세워진 사원의 옛 터(故地)가 현재의 '단상가람(壇上伽藍)'이다. 여기에는 금당(金堂)과 대탑(大塔)·서탑(西塔)·개산조사(開山祖師)나 고승의 화상을 모셔둔 사당인 어영당(御影堂) 등 주요한 가람이 나란히 세워져, 지금은 더욱더 코야산의 중요한 성역이다.

헤이안시대 후반에는 단상가람에 더하여 코야산에 신앙의 중심지가 하나 더 생겨났다. 쿠카이의 묘가 있는 대사어묘(大師御廟)을 중심으로 하는 '오쿠노인'이다. 835년 쿠카이는 코야산에서 죽음을 맞이했다. 좌선을 한 자세 그대로 입멸했다고 전해지고 있다. 그 유해는 화장되어 금강봉사에서 동쪽으로 3킬로미터 정도 떨어진 오쿠노인의 땅에 묻혔다. 그러나 얼마 지나지 않아 쿠카이는 정말로 죽은 것이 아니라 묘안에서 명상을 즐기고 있다는 전설이 생겨났다. 이른바 쿠카이의 입정신앙(入定信仰)[3]이다.

헤이안 후기에 완성된 역사이야기인 『에이가 모노가타리(栄華物語)』에는 후지와라노 미치나가(藤原道長, 966-1027)[4]가 코야산에 참

---

3) 죽어도 영원한 생명을 가지고 지금도 살아있다고 믿는 신앙이다. 입정신앙은 육체도 그대로 남는다고 믿으며 이것을 즉신불이라 했다. 이는 밀교에서 입정을 즉신성불(即身成仏)이라 했기 때문이다.
4) 헤이안시대 중기의 공경(公卿)인 고이치조(後一条)천황·고스자쿠(後朱雀)천황·고레이제이(後冷泉)천황의 외조부이다.

『코야대사행상도화(高野大師行状図画)』

배할 때 본 쿠카이의 입정(入定) 모습이 기록되어있다. 색이 고운 머
리카락을 길게 늘어뜨리고, 입고 있는 옷은 고운 색깔 그대로, 그냥
자고 있는 것처럼 보였다고 한다. 카마쿠라시대 후기의 『코야대사행
상도화(高野大師行状図画)』에는 묘굴(廟窟)을 방문한 칸겐(観賢, 854-
925), 순유(淳祐, 890-953) 두 사람의 승려가 머리카락과 코 밑 수염
을 기른 모습 그대로 입정하고 있는 쿠카이와 대면하는 장면이 그려
져 있다. 이렇게 해서 코야산은 입정신앙의 정착과 함께 종래의 중심
이었던 단상가람을 대신해, 오쿠노인이 산속에서도 가장 성스러운
공간으로 인식되어졌다. 또한 명상을 지속하고 있는 쿠카이라는 인
격 그 자체가 신앙의 대상이 되었고, 입정했던 곳을 숭배하기 위해
많은 사람들이 코야산을 찾았다. 물론 입정중인 쿠카이의 모습을 직
접 눈으로 볼 수 있었던 사람은 미치나가나 칸겐 등 특별한 사람으로
한정되어 있었다. 그러나 많은 사람들은 입정한 성지를 직접 눈으로

『텐구조시(天狗草紙)』(동경국립박물관 소장)

확인하고 그곳에 머물고 있는 쿠카이에게 각자의 바람을 전하기 위해 오쿠노인을 찾았던 것이다.

헤이안시대 말기에는 코호다이시 쿠카이 신앙이 새로운 전환을 맞이한다. 오쿠노인에 잠들어 있는 쿠카이가 있는 곳에 자신이나 근친자의 유골을 봉납하고자하는 사람들이 나타나 순식간에 크게 유행하게 되었다. 수많은 사람들이 육친의 유골을 목에 걸고 참배하게 되었다.

오쿠노인에 유골을 봉납하면 공양을 위해 목제 졸탑파가 세워졌다. 카마쿠라시대에 완성된 에마키모노(絵巻物)『잇뺀 히지리에(一遍聖絵)』나 『텐구조시(天狗草紙)』5)에는 코호다이시 쿠카이의 묘지가 있는 오쿠노인의 참배길 양측에 납골의 졸탑파가 빼곡히 들어서 있는 정경이 묘사되어있다. 아리오우(有王)나 타이라노 시게히라의 납골도 이러한 유행에 편성된 행위였던 것이다.

---

5) 카마쿠라시대 말기 불교제대사(仏教諸大寺) · 제종파승려(諸宗派僧侶)의 거만함과 행동의 난잡함을 텐구(天狗)에 비유해 풍자한 것으로 텐구가 끝에는 발심성불(発心成仏)한다는 이야기의 내용이다.

간고지元興寺의 납골신앙

납골 장소는 의외의 장소에도 출현했다. 나라의 간고지(元興寺)가 그 예이다. 사루사와이케(猿沢池)를 지나 남쪽의 나라 시가지로 들어가 좁은 차도를 5, 6분 정도 걸어가면 갑자기 시가지 안에 고풍스러운 절의 문이 나타난다. 이 문을 돌아 간고지 극락방(極楽坊)의 경내에 발을 들이면 정면에 극락전의 본당이 눈에 들어온다. 이 본당은 뒤에 있는 선실(禅室)과 함께 원래 나라시대에 간고지의 승려들의 주거지로 세워진 것이었다. 그 후 간고지 본체의 쇠퇴와 함께 독립된 사원이 되었기 때문에 건물의 일부를 본당으로 사용 할 수 있도록 카마쿠라시대에 현재의 형태로 개조되었다.

본당인 극락방의 중앙에는 나라시대의 승려 지코(智光)가 아미타불의 정토에 대한 모습을 베껴 옮겼다고 알려져 있는 지코 만다라(智光曼茶羅)가 안치되어 있다. 헤이안 시대 중기의 문인귀족 요시시게노 야스타네(慶滋保胤)의 저작인 『일본왕생극락기』에 이 만다라(曼茶羅)가 만들어진 유래가 기록되어 있다.

간고지의 승려인 지코와 요리미츠(頼光)는 젊었을 때 같은 방에서 수행 정진한 사이다. 만년에 이르러 요리미츠는 전혀 말을 하지 않았다. 걱정이 되어 지코가 말을 걸어도 대답하려고 하지 않았다. 수년 후에 요리미츠가 죽었을 때 지코는 그 사후의 행방을 알기위해 기도했다. 기원에 응답하여 꿈속에서 나타난 요리미츠의 말에 의하면 그가 다시 태어난 곳은 지코의 염려와는 반대로 극락정토였다. 요리미츠는 지코에 반해 극락왕생을 기원한 자신은 오직 미타(弥陀)의 좋은 모습과 극락의 장엄함을 관상(観想)하기 위해 사람과 일체의 교류를 단절했고 그 노력이 결실을 맺어 정토왕생을 성취했다고 했다. 또 한편으로 그러한 한결같은 수행이 부족한 지코에게는 극락왕생의 자격이 없다고 설명하며 지코를 아미타불 앞에 안내했다.

부처는 지코가 정토의 아름다운 모습을 쉽게 떠올릴 수 있도록 오른손을 올려 그 손바닥 안에 소정토(小淨土)를 나타내보였다. 꿈에서 깨어난 지코는 회사(繪師)에게 명하여 머릿속에 새겨진 정토의 모습을 그리게 하여 그것을 계속 보며 염원했던 극락왕생을 성취 할 수 있었다고 한다. 바로 그때가 정토신앙이 피크에 달하고 있었던 시대이다. 지코가 본 정토의 모습을 그대로 베껴서 옮겼다고 하는 만다라는 정토원생(淨土願生)을 희구하는 많은 사람들을 극락방으로 가게 만들었다. 여기에는 왕생을 희구하는 사람들이 자발적으로 가서 기도를 드리는 것 뿐 아니라 그 구제를 목적으로 연고가 있는 유골도 가져갔다.

극락방이 납골 센터로서의 기능을 하던 그 당시의 모습을 떠올릴 수 있게 하는 것은 사원내의 수장고(收藏庫)에 전시되어 있는 방대한 수의 납골용기이다. 전부 오천 점 가까이 있다고 하는 납골용기 가운데 가장 많은 것은 작은 목제의 오륜탑이다. 수륜(水輪), 지륜(地輪)의 밑바닥이나 뒷면에 구멍을 뚫어 뼈를 납골할 수 있도록 장치되어 있다. 솥이나 항아리 형태를 한 도자기 제품의 장골기(藏骨器)도 대량 남아있다. 대나무 통이나 곡물(曲物)을 납골용기로 사용한 것도 보인다. 납골이라고 하면 우리들은 지면에 뼈를 묻는 행위를 상상한다. 그렇지만 이들 용기는 흙속에 매납된 것이 아니었다. 납골오륜탑(納骨五輪塔)에는 못 구멍이 남아 있는 것이 많이 보이는데 그것은 작은 뼈를 넣은 채, 본당내의 기둥이나 붙박이장이나 문에 나무로 고정한 틀로 세로로 세워진 기둥에서 가로로 이어놓은 부분인 나게시(長押), 벽에 못으로 박아 붙여 놓은 것이다. 그것을 알려주듯 당 내부의 기둥 등에는 수많은 상처 자국이 남아있다. 아마 도자기의 납골 항아리도 본당내의 한쪽에 놓여있었을 것이다.

지금 이 당내에는 당시를 회상 할 수 있는 물건은 아무 것도 남아 있지 않다. 그러나 예전에 이 본당에는 나게시라는 나게시와, 벽이라 는 벽에는 납골용기가 붙여져 있었다. 마루 위에도 셀 수 없을 정도 로 많은 유골이 들어있는 항아리(骨壺)가 놓여 있고, 납골은 당내의 천정이나 마루 밑에까지 있었다. 간고지(元興寺)는 유골의 사찰이었 던 것이다.

장송지로서의 카스가노春日野

시가지 중심가에 고풍스럽게 서있는 간고지의 모습에서는 유골이 넘쳐흐르는 당시의 상황을 상상하기 힘들다. 그러나 중세까지 시대 를 거슬러 올라가면 간고지에서 카스가야마(春日山)에 걸친 일대는 짙은 죽음의 냄새가 깔려있는 장소였다. 간고지와 아주 가까이에 있 는 십륜원(十輪院)은 석불감(石仏龕)이 있는 사원으로 알려져 있다. 본당 안쪽에 있는 오오이도(覆堂)6)에는 화강암으로 만들어진 불상을 모시기 위한 공간인 불감이 놓여져 있고 그 내부에는 온화한 표정을 한 지장보살을 중심으로 석가여래, 미륵보살의 3체가 조각되어 있다. 그 이외에 감실(龕室)내부에서 바깥쪽으로 채색의 흔적이 남아 있는 다수의 불상과 범자(梵字) 등이 보인다. 석감(石龕) 앞에는 관(棺)을

---

6) 귀중한 문화재 · 유적 등을 비바람으로부터 보호하기 위해 덮개나 지붕 같은 것을 설치하여 건설된 간이 건축물이다.

두기 위해 설치해두었다고 전해지는 평평한 돌이 있어 여기에서 장송의례가 거행되는 모습을 보는 듯하다. 중세에는 납골신앙도 행해지고 있었다.

석가여래는 말할 것도 없이 인도에서 탄생한 이 사바세계와도 깊은 인연을 가진 부처이다. 지장보살은 석가 입멸 후, 지옥·아귀·축생 등의 악도(惡道)에 떨어진 인간을 손수 그 곳에 내려가 구제해 주는 존재로서 신앙을 모았다. 지금 각지에서 보이는 미가와리 지장(身代地藏)[7]은 그 전통을 이어 받은 것이다. 한편 미륵보살은 56억 7천만년 후에 이 세상에 나타나는 미래불이라 믿고 있었다. 이 삼존(三尊)의 위력에 의해 과거부터 먼 미래에 이르는 모든 사람들에게 빠짐없이 구제의 손이 미칠 거라고 생각했던 것이다.

석감에는 지옥의 죄를 재판하는 명관(冥官)인 십왕(十王)과 서일본의 묘지에서 많이 볼 수 있는 오륜탑이 있다. 관음, 세지보살(勢至菩薩)의 종자(種子)나 범자(梵字)도 새겨져 있지만 이 두 보살은 극락정토의 아미타불의 좌우에서 모시는 분들이었다. 석감에는 이러한 잡다한 명중(冥衆)[8]이 좁은 장소에 빼곡하게 새겨져있다. 이러한 것들은 모두 죽은 자의 구제와 깊은 관계를 가지는 존재로 당시 사람들에게 인식되어진 것들이었다. 여기에는 여러 종류의 명중(冥衆)이 힘을

---

7) 미가와리 지장은 정토에 살지 않고 인간들과 교류하며 큰 자비를 가지고 죄인의 고통을 대신 받아 주며, 위급하거나 어려운 상황에 처한 신자를 도와주고, 승려의 모습으로 나타나 병든 사람을 간호해 준다는 전승에 의해 치병신(治病神)·농경신의 성격을 가지며 대신 해준다는 의미로 미가와리 지장이라 칭하게 되었다.
8) 염라대왕이나 범천(梵天) 등 사람의 눈에 보이지 않는 귀신이나 천상계의 제천(諸天) 또는 명계(冥界)에 사는 지옥의 귀신을 말한다.

합쳐 중생을 정토로 보내준다는 기대감이 표현되어 있다. 당시 정토신앙의 실체를 쉽게 알 수 있는 형태로 가시화된 것이었다.

사찰의 전래에 의하면 십륜원(十輪院)의 개창은 헤이안시대 초기로 거슬러 올라간다고 하지만 본당과 석감은 모두 카마쿠라시대 전기에 만들어진 것으로 추정되고 당시 왕성한 정토신앙의 영향을 받아서 악도에 떨어진 망자들의 구제와 정토왕생을 목적으로 하여 건립된 것이다. 가까운 이웃 사람들은 사자(死者)가 나오면 유골을 이 절로 옮겨 감불(龕仏) 앞에서 평안한 후생을 기원하였다. 십륜원에서 산쪽을 향해 신약사사(新薬師寺) 방면으로 걸어가면, 앉은자리 높이 2.73미터, 받침자리(台座)에서 총 높이 6.7미터의 '대불지장(大仏地蔵)'으로 알려진 복지원(福智院)이 있다. 이 절의 창건도 본존과 본당이 만들어진 카마쿠라시대로 추정된다. 십륜원과 같이 지장보살이 가진 사자구제(死者救濟)의 기능을 기대하며 만들어진 것이었다.

복지원 길을 신약사사 앞에서 오른쪽으로 꺾어 노토가와(能登川)를 건너 타카마도야마(高円山)에 다다르면, 시가지에서 떨어진 풍경이 좋은 돌계단이 나타난다. 그 길을 끝까지 올라가면 백호사(白毫寺)이다. 이 절의 본존은 12세기의 아미타여래상이다. 백호사에는 모두 카마쿠라시대에 만들어 진 것으로 추정되는 지장보살상, 염마왕(閻魔王)과 명관상(冥官像), 지장십왕석불(地蔵十王石仏) 등이 남아있다. 모두 사후의 명운을 좌우한다고 믿었던 존상(尊像)들이었다

백호사는 도시 나라(奈良)의 경계에 위치한 절이며, 중세에는 그 주변에 묘지가 널리 퍼져있었다. 백호사는 그곳에 매장한 사자의 공양을 강하게 의식하여 세워진 사원이었다. 백호사 마을에서 능등천(能登川)을 따라 카스가야마(春日山) 원시림에 들어가면 그곳은 지옥곡(地獄谷)이나 석불이 산재하는 사자들의 세계이다. 『콘자쿠모노가

카스가야마(春日山) 목이 잘린 지장

타리슈』에는 공양 꽃을 따기 위해 카스가야마(春日山) 깊숙이 들어간 도다이지 승려가 죽은 동료를 만났다는 이야기가 담겨져 있다. 『카스가곤겐겐키(春日権現験記)』에는 코후쿠지의 학문을 주로 하는 승려가 사후에도 깊은 산중의 향산(香山)에서 생활하고 있다고 기록하고 있다. 양쪽 기록 모두 생전에 죄를 범했기 때문에 왕래 할 수 없는 승려가 그 죄가 없어 질 때까지 산에 머물며 시련을 인내하며 수행을 계속하고 있다는 줄거리였다. 같은 『카스가곤겐겐키』에는 카스가대명신(春日大明神)이 카스가노(春日野) 아래에 특별한 지옥을 만들어 인연이 있는 사람들을 그곳에 맞이하여 조금씩 죄를 속죄시키면서 구제에 이르는 길을 걷게 한다고 하는 이야기가 있다. 간고지의 납골신앙은 카스가노 일대에 이루고 있는 사자의 세계 속에서 탄생하여 발전을 이룬 습속이었다.

알려지지 않은 야마데라山寺

성지에의 납골 풍습은 동북지방에서도 행해지고 있었다. 릿샤쿠지(立石寺)를 이르는 말인 야마데라(山寺)의 통칭으로 알려진 야마가타현(山形県)의 릿샤쿠지는 에도시대 전기, 하이쿠의 대가 마츠오 바쇼(松尾芭蕉, 1644-1694)가 수행을 위해 여러 지역을 걸어서 돌아다닌 안갸(行脚) 장소로도 유명하다. 지금 야마데라를 방문하면 사원 앞의 마을에도 사원 내에도 도처에 '바쇼(芭蕉)'라는 문자가 눈에 띈다. 이 바쇼라는 이름이 동북지방 유수의 관광지로서의 야마데라를 지탱하고 있다.

이 정도로 지명도가 높은 릿샤쿠지이지만 실제는 아직도 많은 의문을 품고 있다. 무엇보다 릿샤쿠지가 언제 어떻게 탄생했는지는 확실하지 않다. 사원의 전승에 의하면 사찰의 창립은 9세기 천태종 승려인 자각대사 엔니(慈覚大師 円仁)이다. 경내에 있는 백장암(百丈岩)으로 불리는 거대한 암석에 뚫리어진 입정굴에는 자각대사가 육신을 지키는 명상을 즐겼다고 전해온다.

전후가 되어 이 입정굴에 처음으로 학술조사가 시작되었다. 1948년에 행해진 조사에서는 엄중하게 봉인되어 있던 입정굴의 내부에서 오래된 금관(金棺)이 발견되었다. 그 중에는 '자각대사의 머리'로 보이는 목조 초상(2006년 중요문화재지정)과 뼈가 수납되었다. 이 조사에 의해 야마데라의 역사가 헤이안시대까지 거슬러 올라가는 것은 확실해졌지만, 그래도 지나간 모습은 거의 알지 못하고 있다. 그러나 그것을 알 수 있는 근거가 없는 것은 아니다. 그 하나가 납골관련 유물이다. 야마데라에는 오늘날도 누군가가 죽으면 공양을 위해 가족들이 고인의 치아나 유골을 오쿠노인에 옮겨 납입하는 습관이 지속되고 있다. 이와는 달리 경내에 있는 천연 바위 동굴에서 목제의 소형 오륜탑이 발견되는 경우도 있다. 이것은 간고지에서 납골에 사용된 것과 같은 유형이며, 그중에는 중세로 거슬러 올라간 오래된 오륜탑도 있다. 오쿠노인에 납골하기 이전에 산속에 유골을 넣는 습관이

야먀데라(山寺) 미네노우라(峯裏)

오랜 시간에 걸쳐 정착된 것을 볼 수 있다. 오륜탑을 비롯하여 석탑
파(石塔婆)와 목판에 경문을 서사한 것으로 졸탑파, 목찰경(経木)이라
고도 하는 코케라쿄(柿経), 경문을 기록한 목판조각의 소탑(小塔)으로
별명은 고케라쿄인 사사탑파(笹塔婆) 등 산속에서 발견된 납골과 사
자공양과 관련된 유물의 일부는 릿샤쿠지의 보물관에 전시되어 있다.

릿샤쿠지에 납골하는 행위는 어디까지 시대를 거슬러 올라가는 것
일까. 현재, 야마데라에서는 센잔센(仙山線)의 야마데라역(山寺駅)에
서 사원에 이르기까지 산자락을 따라 사원 앞 마을의 집들이 줄지어
늘어서 있다. 사원의 경내에 들어가기 위해서는 도중에 길을 산 쪽으
로 꺾어 참배 길의 계단을 올라가야 하지만, 그곳에서 돌지 않고 그
대로 나아가면 금방 센잔센의 선로에 다다른다. 코너 아래쪽으로 빠
져나가면 그 앞의 시내풍경은 도중에 끊어지고 농촌풍경이 펼쳐진다.

뻗어있는 길을 500미터정도 나아가면 천수원(千手院)이라는 아담
한 사원이 보인다. 이 사원의 뒤쪽 산 전체가 '미네노우라(峯裏)'로
불리는 지역이다. 릿샤쿠지에서는 동쪽으로 산등성이 하나를 사이에
둔 장소이다. 경사진 오솔길을 올라 산속으로 들어가면 험하고 기이
하게 생긴 바위가 우뚝 솟은 곳에 암굴이 뚫려진 영역(靈域)의 분위

기가 짙게 깔린 세계가 나타난다. 자각대사 엔니가 수행했다고 하는 암실도 있다. 건물은 하나도 남아있지 않지만 초석이나 돌의 배치와 더불어 「천수원적(千手院跡)」·「본원적(本院跡)」·「골당적(骨堂跡)」 등의 명칭이 전해지고 있다. 옛날에는 여기에 대규모의 불당이나 승려가 기거하던 집인 당사군(堂舍群)이 있었다.

고개 뒤쪽의 바위굴속에 다수의 석조 오륜탑과 판비가 흩어져 있다. 오륜탑에는 1272(文永9)년이 최고 오래된 시점으로 카마쿠라시대부터 남북조시대에 걸친 연호가 새겨져있다. 지륜(地輪)·수륜(水輪)에 납골하기 위해 구멍을 뚫는 작업이 행해졌던 것도 있다. 판비의 선각(線刻)에는 1296(永仁4)년의 문자를 읽을 수 있다. 카마쿠라시대에는 산봉우리 뒤편에 릿샤쿠지의 또 다른 하나의 가람이 있어그 주변의 바위굴에 판비나 오륜탑(地·水·火·風·空)이 세워졌다. 그곳에 결연(結緣)하기 위해 사람들이 여기를 방문하여 고인의 유골을 납골했다. 릿샤쿠지도 또한 중세로 거슬러 올라가는 납골하는 사원이었다.

납골 오륜탑(納骨五輪塔) 릿샤쿠지(立石寺)

영지 마츠시마松島

야마데라와 견줄만한 곳으로 동북 유수의 관광지이자 일본 삼경의 하나로 알려져 있는 마츠시마는 풍광명미(風光明媚) 관광지로 유명하다. 그러나 마츠시마도 중세까지 거슬러 올라가면 사람들이 방문하여 죽은 자의 뼈를 묻는 신불의 영험이 깊은 곳이었다.

마츠시마에서 영지의 분위기가 가장 짙은 곳이 오시마(雄島)이다. 오시마는 마츠시마 만(湾)에 떠있는 길이 200미터 정도의 가늘고 긴 작은 섬이다. 여기에는 다수의 판비가 남아있으며 주변의 해저에서는 고의로 버렸을 것으로 추정되는 방대한 양의 판비가 발견되고 있다. 중세의 에마키모노(絵巻物)인 『잇뺀 상인회전(一遍上人絵伝)』과 『보키에코토바(慕帰絵詞)』9)에는 사암(寺庵)이나 판비가 서 있는 당시의 오시마 모습이 그려져 있다.

관응(観応) 연간에 이 섬을 방문한 사카이(堺)의 상인이자 차인(茶人)인 이마이 소큐(今井宗久, 1520-1593)는 그 기행문 '미야코노츠토(都のつと)'에서 섬 안에는 절이 있고, '내영(来迎)한 삼존(三尊)과 지장보살'을 안치하고 있는 모습을 묘사하고 있다. 또한 그곳에서 남쪽으로 100미터정도 더 가면 소나무와 대나무가 무성하고 이끼가 땅을 뒤 덮고 있는 호젓한 장소가 있는데 그곳에는 '이 나라 사람이 죽었을 때 그 유골을 묻는 땅'이라고 기록되어 있다.

1988년 섬의 중앙에 위치하는 좌선당(座禅堂) 남쪽에 있는 2기의

---

9) 신란(親鸞)의 후계자로 본원사(本願寺) 발전의 기초를 연 카쿠뇨(覚如, 1270-1351)의 전기를 그린 그림 두루마리. 총10권으로 그림은 후지와라노 타카아키(藤原隆章, 1346-1352)·타카마사(隆昌), 글은 산조 킨타다(三条公忠, 1324-1383) 등에 의해 1351년에 만들어졌다.

마츠시마 오시마(松島雄島)

대형판비에 대한 발굴조사가 행해졌다. 14세기 초반으로 추정되는 이 판비의 서쪽 앞면에는 가늘고 긴 제단모양(祭壇狀)의 건축물 구조의 흔적을 확인 할 수 있는 유구(遺構)가 있고, 그곳에는 범자(梵字)만을 새긴 소형 판비 5기가 발견되었다. 또한 제단 위와 그 주변에는 오랫동안 지속되어온 것으로 추정되는 다수의 납골 흔적이 남아있었다. 카마쿠라시대 후기에 세워진 2기의 판비는 그 후 약 100년에 걸쳐 사람들의 신앙을 받아, 결연을 위한 소형판비의 조립과 납골이 계속되었다.

2005년에는 섬 남단에 있는 카마쿠라시대의 선승(禪僧) 라이현(賴賢, 1196-1274)의 비석이 있는 동남쪽 부분이 발굴 조사되었다. 그 때 수 미터의 사방의 좁은 발굴지역에서 12세기 후반으로 추정되는 14곳의 납골 흔적이 발견되었다. 그 중에 3곳은 화장유골이 도자기 종류의 납골용기에 들어 있는 상태로 발견되었다. 중세묘지에서 자주 발견되는 판비나 오륜탑의 파편, 둥근 조약돌 등도 있었다. 그 외에도 섬의 도처에서 납골 흔적이 있으며 자세히 보면 지면에 흰 유골 파편이 흩어져있는 것을 볼 수 있다.

지금 오시마는 육지와 붉은 색 다리로 연결되어 있으며, 섬 안에는 돌아다니며 놀 수 있는 주유(周遊) 코스가 정비되어 관광객이 방문하고 있다. 이 다리는 2011년 3월 해일에 유실되었지만 지금 있는 것은 새로 만들어 놓은 것이다. 마츠시마의 대표적 관광 장소의 하나이며 가족들이 방문하여 도시락을 먹는 오시마도 이전에는 수행 승려들이 거주하고 판비가 줄지어 서 있던 죽음의 냄새가 배어 있는 섬이었다.

이 섬에 납골된 방대한 양의 유골이 누구의 것인지에 대해 지금은 알 길이 없다. 멀리서 옮겨온 것도 있었을지 모르지만 대부분은 주변 지역 주민의 유골로 추정된다. 인근 사람들은 연고자가 죽으면 유해를 화장하여 그 뼈를 이 섬으로 가지고 왔다. 그것이 망자를 보다 좋은 세상으로 보내주는 가장 확실한 방법이라고 생각하고 있었다. 중세인에게 있어 오시마는 코야산(高野山), 릿샤쿠지와 같은 망자를 저 세상에 보내주는 기능을 가진 성지와 같은 곳이었다.

납골은 세계유산에 등록된 히라이즈미 추손지(平泉 中尊寺)10)의 금색당(金色堂)에도 미치고 있었다. 12세기 초반에 건립된 '추손지'는 당초 후지와라씨(藤原氏)의 씨족 절로 일반인들의 신앙 대상이 되지 못하였다. 그러나 1189년에 후지와라씨가 미나모토 요리토모(源頼朝)에게 멸망되면서 점차 주변 주민의 신앙을 모으게 되었다. 금색당에서는 14세기 이후에 봉납된 것으로 보이는 세탑파(笹塔婆)나 목제 오륜소탑(五輪小塔), 납골통(納骨筒) 등의 납골 용기가 발견되고 있다. 근처에는 석존원 오륜탑(釈尊院五輪塔)도 건립되었다. 후지와라

---

10) 이와테현(岩手県) 히라이즈미쵸(平泉町)에 있는 천태종 동북 대본산의 사원으로 오슈(奥州) 33관음 반가이 후다쇼(番外札所)로 산호(山号)는 세키야마(関山), 본존은 석가여래이다. 엔니(円仁)에 의해 창건되었다고 전승되나 실질적인 창건자는 후지와라노 키요히라(藤原清衡)이다.

씨 사후 추손지는 서민이 방문하여 자신의 후생안락(後生安樂)을 기원하는 장소로 변화되었다. 그곳에서는 연고자의 유골을 봉납하는 것에 의해 망자의 보리(菩提)도 기념되고 있었다. 오늘날 동북지방을 대표하는 세 개의 관광지인 릿샤쿠지, 마츠시마, 추손지는 중세까지 거슬러 올라가면 모두 납골이 행해진 장소였다.

미노부산身延山의 성지화

카마쿠라시대 승려인 잇뺀(一遍)의 생애를 그린 두루마리 그림인 『잇뺀 히지리에(一遍聖絵)』에는 잇뺀이 납골 졸탑파가 가득히 서 있는 코야산 오쿠노인을 방문했을 때 있었던 일이 묘사되어 있다. 잇뺀과 거의 동시대의 종교인이었던 니치렌(日蓮)에게도 납골이라는 행위는 무연(無縁)이 아니었다.

니치렌은 빈번한 천변지이(天変地異)로 괴로워하는 사람들의 모습을 보고 그 원인과 해결책을 기록한 『입정안국론(立正安国論, 릿쇼안꼬쿠론)』을 저술하여 카마쿠라 막부에 제출했다. 1268년, 몽고의 국서가 도래하여 습격해올 가능성이 짙어지면서 니치렌은 자신이 예언한 「타국 친핍란(他国侵逼難, 외국의 침략)」의 실현과 위기감을 강조하며 막부에 그 대책을 세울 것을 다시 촉구했다. 그러나 막부가 선택한 조치는 사도(佐渡)에의 유배였다. 사면 후 입정안국의 진언이 받아들여지지 않을 것을 깨달은 니치렌은 야마나시현 코슈(山梨県 甲州)의 미노부산(身延山) 깊숙이 은거하며 이후 저작 집필과 제자 육성에 전념했다. 니치렌이 미노부에 은거한지 2년이 지난 1276년 2월, 여러 명의 종자를 데리고 미노부를 향하여 산길을 걸어 올라가는 여행자의 모습이 있었다. 그 사람은 니치렌의 최초의 신도 가운데 한명이며 그가 가장 신뢰했던 토키조닌(富木常忍)이다.

현재의 치바현(千葉県) 북부와 이바라키현(茨城県) 남부에 해당하는 조닌(常忍)은 시모츠무사(下総)의 국부(国府)에 근무하는 관리였다. 그의 목에는 지난 달에 90세 넘게 장수하다 죽은 노모의 유골을 넣은 봉지가 걸려 있었다. 조닌은 니치렌과 잠시 면담을 한 후 모친의 유골을 초암 근처에 안치하고 온화한 마음으로 귀로에 오른다. 니치렌이 있는 미노부의 초암에 납골하는 예는 다른 곳에서도 볼 수 있다. 니치렌의 사도 유배 중에 그 신도가 된 인물가운데 아부츠보(阿仏房)가 있었다. 아부츠보는 니치렌에게 귀의하고 부터는 그의 처 센니치아마(千日尼)와 함께 어려운 처지에 있던 사도 유배시기의 니치렌을 도왔고, 니치렌이 미노부에 들어가고 부터는 노령의 몸을 이끌고 니치렌이 있는 곳을 찾아갔다.

아부츠보가 죽은 후에 그의 자식인 토쿠로 모리츠나(藤九郎守綱)는 부친의 유골을 목에 걸고 미노부로 향했다. 모리츠나(守綱)는 유골을 일단 니치렌의 사암(寺庵)에 납골한 후에 가까이에 묘(墓, 하카)를 만들어 매납했다. 그는 다음해에도 미노부에 참배하고 그 묘소에 참배하는 모습이 니치렌의 서적에 기록되어 있다. 니치렌은 이 모리츠나의 행위를 칭찬하며 '자식보다 값진 재물은 없다. 자식보다 값진 재물은 없다. 『센니치아마의 답변(千日尼御返事)』'이라고 기록하고 있다. 같은 분묘에 다시 참배하는 경우가 중세에는 드물지만 이 묘소도 당시 통례로는 피장자(被葬者)의 이름을 알 수 있는 표식이 있었다고는 생각할 수 없다. 1년 전이라는 시간의 짧음과 아직 미노부에는 납골하는 경우가 많았다는 조건이 부친의 묘를 특정해서 참배한 것으로 보인다. 시간의 흐름과 함께 조작의 기억이 희미해져 가면서 이 묘소도 언젠가는 대지에 그냥 솟아있는 볼록한 무덤이 되는 운명을 피할 수는 없었다.

니치렌 자신이 문인(門人)에게 미노부에의 납골을 장려했다고는 생각하기 어렵다. 그럼에도 불구하고 신도들은 같은 시대에 영장순례와 납골신앙의 유행을 수용하여 생전부터 스승 니치렌이 있는 미노부를 타가노야마(高野山)와 같은 성지로 생각했다. 그 배경에는 니치렌을 부처와 보살이 인간을 제도하기 위해 인간의 모습으로 나타난 몸인 '생신(生身)' 즉 구제자로 인식하는 견해가 있었다고 추정된다. 니치렌이 있는 곳을 참배하거나, 혹은 근친자의 유골을 납골하는 것이 내세에 극락정토에 다시 태어나는 후생선소(後生善所) 행위라고 확신하고 있었던 것이다.

변화하는 망자와의 거리

우리 현대인들은 정해진 곳에 고인을 매장하고 그 유골이 있는 장소를 영구히 기억에 남기기 위해 묘표를 세운다. 묘는 보통 대(代)마다 이동하지 않고 그 뒤에도 집안 묘지로 계속해서 사용된다. 오본(盆)이나 히간(彼岸)에 그곳에 가면 고인과 만날 수 있다는 생각이 국민행사로서의 묘지 참배를 지탱시키고 있다. 그러나 지금까지 살펴본 것처럼 중세의 사자공양 형식은 전혀 달랐다. 그것은 집안 묘지에 납골하는 것이 아니라 특정 장소에 유해를 반입, 매장하는 것이었다. 쿄토에는 렌다이노(蓮台野)나 아다시노(化野), 나토리에는 다이몬잔(大門山), 이와키리에는 토코지(東光寺) 등의 장송지에 운반하여 매장하는 것을 중요시했고, 한번 매장하고 나면 실제로 유체나 유골이 어디에 있는지에 대해서는 관심을 두지 않았다.

아무리 호화로운 묘지를 만들어도 그곳에 누구의 유체나 유골이 잠들어 있는지를 알려주는 묘표를 세우는 일은 없었다. 망자의 기억이 생생할 때는 묘지를 방문하는 경우가 있지만 세대가 변하면 훌륭한 묘지라도 방문이 끊겨 결국에는 초목에 파묻혀 자연으로 돌아가게 되는 것이다. 1107년에 고산조인(後三条院)의 산릉을 방문한 후지와라 무네타다(藤原宗忠)는 그 황폐한 모습을 탄식하고 원융원(円融院) 이후 5-6대의 능의 소재가 불명확하다고 기록하고 있다(『中右記』). 천황의 묘소라 할지라도 시간이 경과하면 잊혀져 사라져가는 것이 이 시대의 풍습이었다.

이러한 경향은 중세의 또 하나의 대표적인 장례방법인 영지(靈地)에의 납골에서 더욱더 현저하게 나타난다. 유골은 근친자의 손에 의해 소중히 영험한 장소에 운반되었지만 한번 납골되면 그 순간에 망자는 익명화되고 얼마 지나지 않아 그 누구도 유골의 행방에 대해서 신경 쓰는 일은 없었다. 중세는 고인의 유골을 만나기 위해서 묘소에 참배하러 가는 일은 없었던 시대였다.

나는 앞에서 어떠한 오래된 역사를 가진 집안이라도 선조의 묘소 소재를 확인 할 수 있는 것은 겨우 에도시대 초반까지라고 언급했다. 중세까지 거슬러 올라가는 묘를 확인 할 수 없는 것은 단지 시대가 옛날이라는 점만이 아니다. 전국(戦国)시대 부근을 전환기로, 그 이전의 중세와 이후의 근세 사이에 이 일본열도의 장례방법과 묘제는 큰 변화를 보이고 있다. 근세는 망자의 이름과 장지를 영원히 기록으로 남기려고 했던 시대였다. 이에 반해 중세는 고인이 이전에 이 세상에 생존했던 증거를 일절 남기지 않는 시대였다.

여기에서 새로운 의문이 발생한다. 중세와 근세의 묘제의 상이는 도대체 무엇에서 유래하는 것인가 라는 문제이다. 이러한 변용의 배경에는 산자와 죽은 자와의 관계성에 결정적인 변화가 있다는 것을 추측하게 한다. 그 변화라는 것은 어떠한 것이었을까. 그러한 변화를 초래한 원인은 무엇이었을까.

일본인은 오본이나 히간에 하는 묘지의 참배 배경에는 유골이 있는 묘지에 고인이 잠들어 있다고 하는 공통된 견해가 있다. 사정이 있어 보통 해왔던 고인의 묘에 참배하러 가기가 힘들 경우 우리들은 만나고 싶은 사람을 만나지 못하는 것과 같은 쓸쓸함을 느낀다. 묘지에 가면 마치 고인이 그곳에 있는 것처럼 말을 걸고 손을 모아 명복을 빈다. '풀잎의 그늘에서(草葉の陰から)'라는 표현이 있지만 우리들은 정말 그 말대로 묘에서 망자의 숨결과 시선을 느낀다. 이에 비해 중세의 묘는 어떠한가. 그곳에서는 고인의 유골의 소재에 대해 관심을 쏟은 흔적이 거의 없다. 묘지나 영지에 한번 매장이나 납골을 하고 나면 두 번 다시 연고자가 참배를 위해 방문하는 일은 없었다. 망자가 짧은 기간 안에 익명화되어버리는 것이 중세라는 시대의 특색이다.

이 사실에서 우리들은 어떤 가설을 유추해 낼 수 있다. 중세에는 고인의 인격과 유골을 연결하여 파악하는 방법이 지금과 비교하면 아주 약했던 것은 아닐까라는 추측이다. 보다 단적으로 말하면 중세인에게는 죽은 자가 묘에 머무르고 있다는 감각이 결여되어 있었던 것은 아닐까. 만약 묘지가 아니라고 하면 죽은 자는 도대체 어디에 있다고 믿고 있었던 것일까. 이 문제를 논하기 위하여 우리들은 한 번 더 현대인으로서의 상식을 버리고 중세 사회의 고유의 세계관을 이해하는 시점에서 출발할 필요성이 있다.

제3장
죽음을 바라는 사람들

겐다이후源大夫 서쪽으로 가다

다음은 12세기에 편찬된 『콘자쿠모노가타리슈』에 수록된 이야기이다.

옛날 사누키국(讚岐国)의 타도코오리(多度郡)에 겐다이후(源大夫)라는 유명한 악인이 있었다. 살생을 즐기고, 사람의 목을 자르는 것조차 아무렇지 않게 생각하는 인간이었다. 어느 날 가신과 함께 사냥하고 돌아가는 길에 불당에 사람들이 모여 강론을 하고 있는 것을 보게 된 겐다이후는 가벼운 일시적 기분으로 그 모습을 보려고 불당 안으로 들어갔다. 난폭하기로 이름난 겐다이후의 등장에 청중은 말없이 그 과정을 지켜보았다.

공포심을 억누르고 법회의 강사는 이야기를 시작했다. 이 세상에서 서쪽으로 향하여 많은 세계가 지나간 곳에 아미타불이라는 아주 마음이 넓은 부처가 계신다. 오랜 기간 죄를 지은 사람이라도 한번 아미타불이라 부르면 반드시 그 사람을 구제해 준다. 이 강의를 들은 겐다이후는 출가를 결심한다. 그 자리에서 바로 머리를 깎고, 불교에 귀의한 사람들이 지켜야 할 행동 규범인 계(戒)를 받아들여 진심으로 미타(弥陀)의 이름을 부르면 부처도 응답해 주신다는 강사의 말을 믿고 징을 치고 염불을 하면서 오직 서쪽을 향하여 나아갔다.

7일 후에 겐다이후를 방문할 약속을 한 어떤 절의 주지승이 그 뒤를 따라가 보니 서쪽에 바다를 바라보는 산봉우리에서 두 줄기로 자란 나뭇가지 위에 겐다이후가 있었다. 겐다이후는 변함없이 징을 치며 미타를 부르고 있었다. 겐다이후는 계속해서 서쪽으로 가서 바다에 들어가려고 했으나 이 장소에서 아미타불이 응답해 주었기 때문에 그대로 머물러 있다고 말했다.

기이하게 생각한 주지승이 도대체 어떠한 응답이 있었는지 물으니, 겐다이후의 부름에 응하여 바다 속에서 들어 본적이 없는 너무 멋진 목소리로 '여기에 있다'라는 말이 들려왔다고 했다. 일단 그곳을 떠난 주지승이 일주일 후에 다시 되돌아와 보니 겐다이후는 이전과 같은 자세로 나무 가지 사이에 앉아 서쪽을 바라보며 죽어 있었다. 입에서는 선명하고 청아한 연꽃이 한 잎 피어있었다. 모두 겐다이후의 왕생을 확신했다.

현대인과 다른 중세인의 세계관에서 가장 현저한 특색은 이 세상과는 다른 차원에 존재한다고 믿어온 피안세계에 대한 강렬한 현실성이었다. 중세인은 사람의 삶이 이 세상에서 완결된다고 생각하지 않았다. 이 현실세계에서 일생을 마친 후 어디엔가 실재하는 이상세계에 재탄생하는 것이 대부분의 중세인들의 궁극적 목표였다. 겐다이후도 먼 서방에 있다고 하는 아미타불과 그 정토를 바라며, 남은 수명과 바꾸어 그곳에 도달하는 것을 목표로 하였다.

사신왕생捨身往生의 유행

물론 현대의 일본에서도 천국이나 낙원 등의 실재를 믿는 열광적인 신앙인이 많이 있다. 그러나 매일의 생활에 있어 피안세계는 실제로 어느 정도의 무게를 가지고 있는 것일까. 먼저 현실의 삶이 있고 그것이 끝날 것 같은 시점에서 처음으로 사후 문제에 대한 관심이 확대되어 다가오는 것이 신앙인을 포함한 현대인의 일반적인 삶의 방식이 아닐까. 그러나 중세는 달랐다. 이 세상의 삶은 모두 사후의 피안세계에의 왕생을 위해 필요한 삶이어야했다. 경우에 따라서는 이 세상에서의 삶을 빨리 끝내고서라도 저 세상에의 도달이 우선시되어야할 필요성이 있었던 것이다.

이러한 중세인의 인생관이 단적으로 나타나는 사례가 11세기경부터 유행하는 사신왕생(捨身往生) 즉, 저 세상에의 왕생을 위해 이 세상에서의 목숨을 버리는 것이다. 사신왕생은 이상왕생(異相往生)으로도 불린다. 말하자면 자신의 목숨과 바꾸어 왕생을 실현시키려는 시도이다.

인세이키(院政期)의 문인 귀족인 미요시노 타메야스(三善為康, 1049-1139)의 『슈이오죠덴(拾遺往生伝)』1)에는 코헤이(康平, 1058-1065) 연간에 아미타미네(阿弥陀峰) 아래에서 몸을 태워 입멸한 훌륭한 사람의 일화가 수록되어 있다. 소신(燒身)할 때에는 결연하기 위해서 많은 귀천남녀가 모였다. 같은 시간에 요시히로(慶寛)라는 승려의 꿈에서는 아득히 먼 서방에서 음악이 가까이 들려오면서, 이것은 오늘 아미타

---

1) 왕생자의 행업(行業)을 한문체로 기록한 것으로 저자는 '미요시노 타메야스'이며, 상중하 합하여 95명의 이야기가 수록되어 있다.

미네에서 소신한 위인을 극락정토로 맞아들이는 의식임을 알려주는 목소리가 들렸다고 한다.

이 에피소드에서 볼 수 있듯이 사신왕생에는 많은 참관자가 모이는 것이 일반적이었다. 995(長德 원년)년 9월, 로쿠하라미츠지(六波羅蜜寺)[2]의 승려가 보다이지(菩提寺)[3] 북쪽 변두리에서 소신공양 할 때는 이를 보기위해 카잔(花山)천황과 귀족들이 방문했다(『日本紀略』).

살아있는 인간이 장작을 쌓아올린 불속에서 죽어가는 것을 참관하려는 행위는 현대인의 감각으로는 도저히 이해하기 힘들다. 그러나 중세인에게는 그 의미가 전혀 다른 것이었다. 사신(捨身)은 죄가 가득한 신체를 진리를 위해 바치는 것을 의미하며, 실행자는 강렬한 신념에 의해 반드시 정토에의 왕생이 실현된다고 믿고 있었다. 왕생하는 순간에 같은 장소에 있으면서 부처의 화신(化仏)이 맞이하러 오는 기회를 잡아, 자신의 왕생을 기원하는 것이 당시 사람들이 생각하는 구제에의 가장 빠른 길이었던 것이다.

사신왕생은 몸을 태워 입정(火中入定)하는 것 이외에도 여러 가지 방법이 취해졌다. 카마쿠라시대 중기 가나가 섞인 문장으로 쓰여진 불교 설화집 『사세키슈(沙石集)』에는 목을 매어 죽은 왕생자의 사례가 보이는데 그중 많은 것은 입수왕생이었다. 『우지슈이모노가타리(宇治拾遺物語)』[4]에는 카츠라가와(桂川)에 투신한 승려의 이야기가 기록되어 있다. 『잇뺀 히지리에(一遍聖絵)』에는 잇뺀의 죽음을 슬퍼

---

2) 쿄토시 히가시야마쿠((京都市東山区)에 있는 진언종 지산파(智山派)의 사원이다. 산 이름은 보다라쿠산(補陀洛山)으로 본존은 11면 관음이고 승려 쿠야(空也)에 의해 창건되었다.
3) 대대로 그 절의 종지(宗旨)에 귀의해서 선조의 위패를 모셔두는 절.
4) 13세기 전반경에 성립된 중세일본의 설화집.

『잇뺀 히지리에(一遍聖絵)』천왕사 입수(天王寺入水)

한 제자들이 스승과 함께 정토에 가기를 원해서 사천왕사문 앞의 바다에 입수하는 장면이 묘사되어 있다. 현대인들의 입장에서 보면 자살이라고 간주할 수밖에 없는 이러한 사신왕생이 반복되는 배경에는 당시 사람들이 공유하고 있었던 다른 차원의 세계관의 이상(理想)정토의 실재에 대한 흔들리지 않는 신념이 있었다.

무불無仏세계의 구제

그렇다 하더라도 중세에는 왜 사람이 사후에 다른 세계를 지향하지 않으면 안 되었던 것일까. 그 배경에 있었던 것은 이 세상이 구제자가 없는 무불세계라는 인식이다. 사바세계라고 불리는 현실세계는 석가가 쿠시나가르(Kushinagar, 열반)에 입멸한 후 부처가 없는 세상이었다. 불교의 기둥이 되는 사상의 하나가 마치 약의 유효기간처럼 석가불이 돌아가신 후부터 시간이 경과함에 따라 점점 그 가르침의 효력이 약해져 간다는 견해도 있다. 중세 사회에 유행하는 말법사상[5])이 바로 그것이었다. 약효가 완전히 끊기는 시기가 말법이라는 시대였던 것이다.

언제부터 말법에 들어가느냐에 대해서는 여러 설이 있었지만, 부처 입멸 후 2천년이 지난후가 가장 유력한 설이었다. 일반적으로 부처의 입멸은 주(周)나라의 목왕(穆王) 53년, 기원전 949년이라고 믿고 있었기 때문에 2천년이 경과한 말법 제1년은 1052(永承7)년이 된다. 섭관정치(摂関政治)[6])가 전성기를 맞아 후지와라노 요리미치(藤原頼通)가 평등원(平等院) 봉황당(鳳凰堂)을 건립했을 즈음 일본에서는 기존의 불법이 힘을 잃는 말법시대를 맞이했다고 인식했다.

석가의 가르침이 효력을 잃고 중생이 구제로부터 소외되는 시대가 온다면 말법시대 사람들은 무엇에 의지하는 것이 좋을 것인가. 불교적인 세계관에서는 이 우주에는 사바 이외에도 무수한 세계가 있고, 그 하나하나에 부처가 있다고 인식했다. 청정한 불국(佛國), 즉 '불국토'이기 때문에 그 세계들은 '정토'라고 불렀다. 차안인 현실세계에

5) 석가가 설법한 바른 가르침이 이 세상에 행해져 수행하여 깨닫는 사람이 있는 시대인 정법(正法)이 지나면 다음 가르침이 행해져 외견만이 수행자와 비슷하고 깨닫는 사람이 없는 시대인 상법(像法)이 온다. 그 다음에는 사람도 세상도 가장 악해져 정법이 행해지지 않는 시대인 말법(末法)시대가 온다고 하는 역사관이다.

6) 헤이안시대에 후지와라씨의 일족이 천황의 외척으로 섭정과 칸빠쿠(関白) 혹은 섭정정치의 정무를 맡아보던 나이란(内覧) 등의 요직을 차지하여 정치의 실권을 대대로 독점하고 지속하는 정치형태이다.

비해 타계의 정토는 종종 피안으로 총칭되었다. 석가가 입멸해서 사바세계가 무불의 세상이 되었다고 해도 넓게 우주를 바라보면 부처가 있는 피안세계는 다른 곳에도 얼마든지 존재하는 것이다. 겐다이후(源大夫)가 갈구했던 극락정토의 아미타불은 그 대표적인 것이었다. 극락은 서쪽의 아득히 먼 저쪽에 있다고 믿었기 때문에 서방정토라고도 불렀다.

타계의 정토에는 또 다른 「밀엄정토(密厳浄土)」·「영산정토(霊山浄土)」·「보타락정토(普陀落浄土)」 등 여러 종류가 있었다. 이것들은 각각 다른 개념이 아닌 중세인들이 공유하고 있던 궁극의 이상세계의 다른 명칭이라고 볼 수 있다. 피안세계의 이미지나 피안과 현세와의 거리는 그것을 설명하는 종파나 개인에 따라 다르지만 우주의 근원에 민족과 시대를 초월한 궁극의 진리의 세계가 실재한다고 생각하는 점에서 중세 사람들은 같은 사고의 틀을 가지고 있었다.

이러한 세계관을 공유함과 더불어 현실세계에서의 삶을 받아들인 인간은 이 무불세계에서 구제되었다고 하더라도 피안의 어딘가에 있는 부처와 인연을 맺으므로 해서 그 힘으로 구제가 성취된다고 생각했다. 사바세계의 삶을 끝낸 후 스스로가 믿는 부처의 세계에 다시 태어나는 것이 많은 사람의 목표가 되었다. 일본열도에는 11세기부터 고양되어 12, 13세기에 절정에 이르는 정토신앙이 바로 그것이었다. 호넨(法然)과 신란(親鸞)이 설법한 전수염불(専修念仏)[7]의 가르침은 그러한 정토신앙의 줄기에서 태어난 것이다.

---

7) 다른 것은 행하지 않고 오로지 염불만을 주장하여 나무아미타불만 반복해서 소리 내어 외치는 수행방법이다.

불상의 역할

그러나 정토신앙에는 하나의 문제가 있었다. 피안의 부처들은 본질적으로 먼 별세계의 존재였기 때문에 사바세계의 중생이 직접 그 모습을 볼 수 없다는 점이었다. 피안에 이상 정토가 실재하고 그곳에 왕생하는 것이 구제되는 것이라고 말해도, 근성이 비틀어져 구부러진 세기말의 악인이 그러한 추상적인 설명을 받아들이는 것은 쉽지 않았다. 그 누구도 본적이 없는 정토의 훌륭함을 어떻게 말법시대의 대중에게 이해시킬 것인가 라는 어려운 문제가 높은 벽이 되어 앞을 가로막게 된 것이다.

이 과제를 해결하는 열쇠가 된 것이 불상이었다. 인도에서 태어난 석가가 입멸하면 석가를 사모하던 사람들이 석가를 상기하기 위한 상징으로 불족석(仏足石)이나 부처의 교의인 법륜(法輪)·보리수[8] 등을 사용하게 되었다. 그러한 추상적인 상징은 결국에는 석가와 비슷하게 만든 상으로 진화하고, 그 기능도 단지 사모의 수단에서 그 자체가 신앙의 대상으로 변화해 갔다.

6세기에 백제에서 일본에 불교가 전해질 때 불상도 함께 전래되었다. 그 눈부시게 빛나는 모습에 사람들이 감명을 받았던 상황들이 『니혼쇼키(日本書紀)』에 기록되어 있다. 그 이후 부처의 모습을 도상화(図像化)한 불상은 사원의 중심 가람인 금당이나 본당에 안치되어 신성한 존재로 숭배되었다. 헤이안시대 초기에 편찬된 일본 최초의 불교설화집인 『니혼료이키(日本霊異記)』에는 불상이 가져온 많은 영

---

8) 석가가 그 아래 앉아서 도를 깨달아 불도를 이루었다는 나무로 번뇌를 끊고 진리를 깨닫거나, 성불하여 극락왕생하는 보리(菩提)의 의미로 사용했다.

험담이 수록되어 있다.

불교전래에서 시작한 일본의 불상신앙은 헤이안시대 중기를 전환점으로 그 기능이 크게 변용되었다. 사람들의 불교에 대한 요망이 이 세상에 덮친 재난의 방지나 현세이익에서 사후의 구제로 그 중점이 변화되어 간 것이다. 그것은 볼 수 없는 피안세계의 이미지가 부풀려져 정토신앙이 흥륭해 가는 현상과 대응하는 것이었다. 정토를 동경하는 마음이 깊어져감에 따라 불상이 이세상과 저세상을 이어주는 역할을 잘 해주기를 기대하게 되었고, 이에 따라 석가불 이외의 갖가지 타계의 불상이 만들어지게 되었다. 불상은 이세상의 바람을 이루어 주는 것이라기보다 사람을 저세상으로 갈 수 있도록 인도해주는 존재라고 생각하게 되었다.

물론 불교전래 초기 단계부터 일본에 석가 이외의 불상이 도래했을 가능성이 높다. 한반도에는 일찍이 미륵신앙이 널리 행해졌고 신라의 옛 땅인 경주의 박물관에는 일본에의 불교전래에 선행하는 다수의 미륵보살 금동상이 수장되어 있다. 중국에서는 북위(北魏)시대인 6세기에 아미타 신앙이 융성하게 되었다. 그러나 그러한 다종다양한 불상들도 타계표상이 발달되지 못한 고대 일본에서는 사람들의 피안지향을 환기시키고, 사후의 구제에 대해 갈망하는 마음을 강화시키는 역할을 해 내지는 못했다. 그곳에서는 불상의 종류에 관계없이 영험과 현세이익이 불상의 주요 기능이었다. 당시의 사람들에게 있어서는 인간의 지혜와 능력을 초월한 불가사의한 위력을 나타내고 닥쳐오는 재앙을 미연에 방지하는 힘에 있어서는 석가상도 미륵상도 관음상도 아무런 변화를 가져오지 못하는 존재에 불과했다.

아미타불과 아미타상

헤이안시대 중기 이후에 현저하게 나타나는 사람을 피안으로 인도하는 불상에 대해서 조금 언급해 두고자 한다. 원래 나무나 돌, 금속으로 만들어진 불상이 어떻게 그러한 역할을 할 수 있었을까. 그 이유는 불상이 타계에 있는 본불(本佛)의 화현이라고 믿었기 때문이다.

일본인들은 보통 불상을 아무런 주저 없이 '부처'라고 부르고 있다. 그러나 엄밀히 말하면 불상은 부처가 아니다. 앞에서 언급한 바와 같이 이 세상은 무불의 세계이며 불상은 돌아가신 석가를 추모하기 위해 만들어진 것이다. 헤이안시대 후반부터 불상은 그 자체가 완결된 신앙의 대상이 아닌, 피안의 부처가 사바세계의 중생을 구제하기 위하여 자비의 마음을 가지고 출현=수적(垂迹)한 것이라 생각하게 된다. 궁극의 구제자도 사람들을 매개하는 존재로 자리매김 되었다. 사람들이 불상에 왕생을 기원하는 이유는 여기에 있었다.

불상가운데서도 특히 피안으로의 인도를 중심적 사명으로 하는 불상을 종종 '생신(生身)'이라 불렀다. 12세기에 제작되어 현재 와카야마현(和歌山県)에 있는 코가와데라(粉河寺)의 연기를 묘사한 에마키모노(絵巻物)인 『코가와데라엔기(粉河寺縁起)』에서는 「코가와(粉河)의 생신관음(生身観音)」에 기원하는 것이 정토에 왕생하는 가장 가까운 길이라고 강조하고 있다. 젠코지(善光寺)의 아미타삼존(阿弥陀三尊)도 생신으로 알려져 있다. 그 때문에 왕생을 바라는 많은 사람들이 생신의 불상 소재지를 방문해서 사후의 구제를 기원했던 것이다.

나는 지금 중세 정토신앙의 가장 일반적인 형태는 이 세상과 저세상을 매개하는 불상=수적이 진좌하는 영지에 참배하고, 거기에 결연하는 것이라 언급했다. 그러나 왕생에 대해서 보다 확실하다고 생각

한 방법이 있었다. 그것은 기존의 수적에 기원하는 것이 아니라 왕생
을 기원하는 사람이 스스로 새롭게 수적을 만들어내는 것이었다. 불
상의 제작이 그것이었다.

　미요시노 타메야스(三善為康)가 왕생자의 언행을 기록한『슈이오죠
덴(拾遺往生伝)』에는 '길이 85미터의 불상을 만드는 사람은 반드시 정
토에 왕생 할 수 있다고 들었다.'라는 말이 있다. 불상을 만드는 것만
이 왕생을 위한 최고의 공덕이라는 인식이 헤이안시대 후기의 정토신
앙의 핵심을 이루고 있었다. 헤이안시대 중기 천태종의 승려로 에신
소우즈(惠心僧都)라고 존칭된 에신소우즈 겐신(惠心僧都源信)은 어떻
게 하면 왕생 할 수 있을까라는 묘한 질문에 '길이 85미터의 부처를
만드는 것이다'라고 대답했다고 한다(『산게 왕생기(三外往生記)』). 오
오이타현(大分県) 후키(富貴)의 대당(大堂)이나 후쿠시마현 시라미즈(白
水)의 아미타당(阿弥陀堂)을 비롯하여 12세기 이후에 일본 각지에 유행
하는 아미타불과 아미타당의 건립은 이러한 신념을 바탕으로 한 행위
였다. 정토신앙에는 조금 더 바람직하다고 생각한 또 한 가지의 형태가
있었다. 그것은 이미 만들어져 있는 불상에의 참배나 불상의 제작이
아니라 기원자의 기원에 응하여, 그 자리에서 비젼이 바로 모습을 나타
내는 것이었다. 이것은 피안의 부처인 본지불(本地仏)이 어떤 사람의
기원에 의해 그 사람만을 위해 특별히 출현하는 현상이기 때문에 기원
자의 기원의 성취를 의미하는 것으로 해석되어 특히 존중되었다.

　11세기에 저술된『사라시나 일기(更級日記)』9)에는 다음과 같은 이
야기가 기록되어 있다.

---

9) 헤이안시대 중기에 쓰여진 회상록으로 작자는 스가와라 미치자네(菅原道真)의
　5대 손자 스가와라 타카스에(菅原孝標)의 차녀이다.

천희(天喜) 3년 10월 13일 밤 꿈에, 뜰에 아미타불이 서 계셨다. 안개에 가려 확실히 보이지는 않았지만 눈에 힘을 주어 집중해서 보니 지면에서 3, 4척 정도 떨어진 연꽃 의자 위에 6척 정도의 금색으로 빛나는 부처님이 한쪽 손은 펼치듯 하고 다른 손은 어떤 표시를 하고 계셨다. 다른 사람은 보이지 않고 나 혼자만 얼굴을 보고 있었다. 부처님은 '이번에는 돌아가고 후에 맞이하러 오도록 하겠다.'라고 말씀하셨다. 그 목소리도 나에게만 들리고 다른 사람에게는 들리지 않는다고 생각하는데 잠에서 깨어났다. 이 꿈이 자신의 다음 생으로 믿게 되었다. 저자인 스가와라 타카스에(菅原孝標)의 딸은 꿈속에서 아미타불의 화현을 정토왕생을 보증하기 위해서 나타난 현상이라고 해석했다.

기원에 부응하여 나타나는 부처

불상 가운데서도 특히 사람을 정토로 부르는 것을 사명으로 하는 종류의 불상은 '생신'으로 불렸다. 신자의 기원에 따라 나타나는 환영(幻影)도 '생신'이라고 일컬어지는 경우가 많았다. '생신'의 본래 의미는 후자, 즉 허공에 환시되는 부처이며 특정 불상을 가리키는 생신의 용례는 거기에서 파생된 것이었다.

환영으로서의 생신의 출현가운데 특히 많이 보이는 형태는 임종시의 내영(來迎)이었다. 임종시에 미타(弥陀)와 극락정토의 보살(聖衆)이 내영하는 것은 염원성취의 증거라고 믿어 극히 중시되었다. 말기에 음악이 들리고 좋은 향기가 떠도는 것은 부처의 내영을 알리는 전형적인 현상이었다. 자줏빛 구름이 길게 뻗쳐있는 것도 그 하나라고 생각했다. 사신왕생(捨身往生)에 많은 참관자가 모이는 것도 그곳에 출현하는 내영 부처에 결연하기 위해서였다.

중세의 설화집인『고금저문집(古今著聞集, 코콘쵸몬쥬)』에 의하면 후지와라 이에타카(藤原家隆)는 임종할 때 본존을 베개머리에 안치하려 하지 않았다고 한다. '지금 생신의 부처가 내영하였기 때문에 본존은 필요하지 않다'라는 것이 그 이유였다. 여기에서는 환영으로서의 생신과 신체성을 구비한 불상이 대비되어 왕생을 실현시키는 주체로서 전자의 우위가 언급 되고 있다.

『속본조왕생전(続本朝往生伝)』은 이전부터 '생신의 부처'를 보고 싶다고 기원하던 신엔(真縁)이라는 승려가 그의 염원을 이루게 되었다는 에피소드를 기록한 후 '신엔은 이미 생신의 부처를 눈앞에서 보았다. 그러니 어떻게 왕생한 사람이 아니라 할 수 있겠는가'라고 덧붙여 말했다. 생신불(生身仏)과 왕생의 관계는 츄죠히메(中将姫)의 전설에서 알려진 타이마데라(当麻寺)에서도 전해지고 있다. 극락왕생을 기원한 후지와라 토요나리(藤原豊成)의 딸 츄죠히메(中将姫)는 「생신여래를 뵙지 못하였다면 이 절문을 나가지 않겠다」고 맹세하여 타이마데라에 머물며 '서방극락의 교주'의 화신인 여승과 대면했다고 한다『타이마 만다라연기(当麻曼荼羅縁起)』.

쿠마노(熊野) 참배자 앞 허공중에 아미타 여래가 출현하는 모습을 묘사한 단노 법림사(檀王法林寺)『쿠마노 곤겐영향도(熊野権現影向図)』의 화찬(画讃)에는 미타삼존(弥陀

『쿠마노 곤겐영향도(熊野権現影向図)』
단노 법림사(檀王法林寺)

三尊)이 화현한 모습을 본 사람은 서방정토에의 왕생을 약속받은 것이라는 뜻이 기록되어 있다. 환영과의 대면은 무엇보다 신뢰할 만한 확약이라고 믿고 있었던 것이다.

중세에는 아미타상의 제작과 더불어 부처가 맞이하러 오는 모습을 묘사한 방대한 수의 「내영도(来迎図)」가 그려졌다. 당시 사람들이 가졌던 환영의 출현에 대한 깊은 생각을 보여주는 것이라고 할 수 있다. 중세에 제작된 방대한 불상과 불화는 사람을 환상의 세계에 끌어들이고 환영의 화현을 촉구하기 위한 촉매로서의 역할을 했다.

묘에쇼우닌 코벤(明惠上人高弁)의 『유메노키(夢記)』에는 목상(木像)인 후쿠현샤쿠 관음상(不空羂索観音像)이 '생신'으로 변화하여 대반야경을 전해주는 꿈을 기록하고 있다(『묘에쇼우닌 유메노키(明惠上人夢記)』). 환영으로서의 '생신'은 실체를 가진 목상과 대비되는 존재였다. 젠코지(善光寺)의 아미타여래상처럼 생신으로 모시는 많은 불상이 '영향(影向)'[10]을 미친 환시(幻視)된 모습을 모방하여 만든 것이라는 전승을 가지고 있다. 일본의 산요우(山陽) 산인(山陰) 지방인 츄고쿠(中国) 지방의 오태산(五台山)은 「문수화현(文殊化現)의 영지」(『참천태오태산기(参天台五台山記)』)로서 많은 일본인이 방문했지만 그들이 보기를 원했던 문수보살도 고정화된 이미지가 아닌 수시로 나타나는 환영이었다.

'생신'이라는 형용이 붙여진 중세의 불상에는 오장육부의 납입·옥안(玉眼)·나형(裸形) 등 가능한 한 살아있는 실제 부처처럼 느끼도록 연구되어 있다. 생신불(生身仏)에게 부여된 여러 가지 기교는 그것이 환시되어 나타나는 환영이 가진 생생한 존재감에 가능한 한 가까이 접근해보려는 시도에 불과했다.

---

10) 신불이 어떤 모습을 취하여 나타나는 것으로 신불의 내림(来臨)이다.

정토로 인도하는 신

지금 나는 중세에는 불상이 피안에 가는 다리 역할을 담당했다고 언급했지만 이러한 기능을 가진 것은 불상뿐만이 아니었다. 일본의 신(神)도 피안에 인도하는 역할을 했다. 일본의 신이 중생을 정토로 인도한다는 것은 의외의 느낌이 들지만 중세에는 사람들이 신사에 참배하며 사후의 정토왕생을 기원하는 것은 아주 흔한 광경이었다. 당시 유행했던 7·5조 4구의 노래로 이마요우(今樣)인 고시라카와인 (後白河院)이 편찬한 『료진히쇼(梁塵秘抄)』11)에는 '오오미야곤겐(大宮 權現)12)을 생각하면 교주인 석가여래와 다를 바 없다. 한번 이 땅을 밟은 사람은 석가의 설법인 영산계회(靈山界会)의 일원이다.'13)라는 노래가 수록되어있다.

카스가(春日)신사에도 신사의 경내인 '사단(社壇)'이 이세상의 정토라는 사상이 짙게 깔려 있었다(『카스가곤겐겐키(春日權現驗記)』)14). 중세에 다수 제작된 '카스가 만다라(春日曼茶羅)'는 카스가 신사의 사두(社頭)를 그린 그림의 위쪽부분에 그 본지불을 그린 형태가 많지만, 그것은 카스가의 신이 피안에 있는 부처의 수적이며 그 때문에 정토로 가는 길을 안내하는 역할을 하고 있다는 관념을 단적으로 표현한 것이다.

---

11) 헤이안시대 말기에 편찬된 이마요우 가요의 집성집. 편찬자는 고시라카와 천왕이다.
12) 본지불(本地仏)은 석가이다.
13) 오오미야 곤겐(大宮權現)을 생각하면 교주로 나타난다고 하는 석가여래가 틀림없으므로 한번이라도 이 땅을 밟는 사람은 영취산(靈鷲山)에서 행하였다고 하는 석가의 설법 즉 영산계회(靈山界会)의 일원이다.
14) 후지와라씨(藤原氏)의 우지가미(氏神)인 카스가 신(春日權現)의 영험을 그린 카마쿠라시대의 에마키모노(絵卷物)이다.

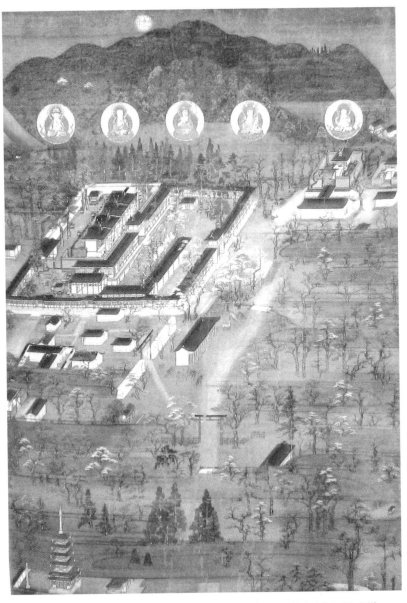

카스가미야 만다라(春日宮曼茶羅)』 나라 미나미시쵸 자치회소장(奈良南市町自治会蔵)

그러나 실제는 피안으로 가는 다리로서 신앙을 모은 것은 불상도 신도 아니었다. 그것은 일찍이 실재했던 성인과 종파를 일으킨 조사(祖師)들이었다. 성인에 대해서 말하면, 오사카 타이시쵸(大阪太子町) 시나가(磯長)에 있는 성덕태자(聖德太子)의 묘지는 12세기경부터 정토신앙의 성지가 되어, 극락정토로의 왕생을 기원하는 많은 참배자가 찾게 되었다. 이곳에는 성덕태자가 썼다고 전해지는 『묘굴게(廟崛偈, 보쿠츠게)』[15]라는 게문(偈文)[16]이 전해 지고 있다. 거기에는 '말세의 중생을 구제하기 위해서 부모에게서 받은 혈육의 몸을 묘굴에 남긴다.'라는 성덕태자의 말이 기록되어있다. 저명한 불교신자인 신란도 젊었을 때 시나가를 방문하여 여기에 게문을 서사(書写)했다고 한다.

성덕태자는 중세를 통하여 정토에의 인도자로서 널리 신앙을 모아 법륭사·사천왕사 등 그와 인연이 깊은 사원에는 성덕태자상을 모시는 성령원(聖靈院)이 새롭게 창건되었다. 현존하는 대량의 성덕태자상은 중세에 유행한 이러한 형태의 성덕태자 신앙의 영향에 의한 것이었다.

성덕태자와 더불어 정토에의 안내자로서 인기가 있었던 사람은 쿠카이(空海)이다. 중세에 이르러서는 코야산의 오쿠노인에 코호다이시(弘法大師) 쿠카이가 입정(入定)되어 있다는 전설이 널리 퍼져, 수많은 사람들이 자진하여 정토왕생을 기원하고, 친족의 유골을 모시고 이곳을 찾아오게 되었다. 쿠카이는 중생을 저세상에 인도하는 힘

---

15) 성덕태자의 묘인 묘굴(廟崛) 안에 기록되어 있다고 하여 묘굴게라 한다.
16) 불전에서 불교의 가르침이나 불보살의 덕을 칭송한 운문형식으로 서술한 문장이다.

을 가지고 있다고 믿고 있었다.

어떻게 쿠카이가 그러한 힘을 가지게 된 것일까. 그 이유는 성덕태자와 같이 그가 피안의 부처의 화신이었기 때문이다. 코야산의 부흥에 진력을 다한 인세이키(院政期)의 종교인 카쿠반(覚鑁, 1095-1144, 헤이안시대 후기의 신곤슈眞言宗 승려)은 코호다이시의 본지(本地)는 대일여래이며, 그 수적이 '삼지(三地)의 보살'인 쿠카이라고 역설하였다(「코야산 샤몬카쿠반 신문(高野山沙門覚鑁申文)」). 『잇뺀 히지리에(一遍聖絵)』에서도 코야산은 코호다이시가 수적된 곳이며 잇뺀은 극락정토와 연을 맺기 위해서 그곳에 참배했다고 한다.

덕이 높은 승려나 영험한 힘을 가진 수행자 가운데는 생전에 본불의 수적인 '생신'으로서 숭배 받은 인물도 있었다. '탁세말대(濁世末代)의 생신불(生身仏)'이라 불려진 카마쿠라시대의 승려 에이손(叡尊)이 그 중의 한 사람이다.

『겐뻬이 성쇠기(源平盛衰記)』에는 쵸겐(重源, 1121-1206)과 죠케이(貞慶, 1155-1213)가 각각 '생신의 석가', '생신의 관음'이라는 이야기가 게재되어 있다. 호넨(法然)과 신란(親鸞), 니치렌(日蓮)도 또한 본인들이 그것을 인정하는지의 여부에 상관없이 그 제자들 사이에서는 생신에 준하는 신성한 존재로 인식했다. 니치렌이 사는 미노부(身延)의 초암(草庵)이 납골지(納骨地)가 된 것도 그 때문이다. 이들 생신은 피안에의 안내인이며 그 소재지는 내세로 가는 통로로 이 세상의 정토였다. 사람들은 수적이 있는 장소인 영지(靈地)에 찾아가 기원하면 사후에 그 덕으로 정토에 갈 수 있다고 믿었다. 살아있는 사람뿐만 아니라 죽은 사람도 그 유골을 영지에 납골하면 그 영혼이 피안에 갈 수 있다고 생각했다.

이러한 과정을 거쳐 아미타불의 수적으로서의 신이 진좌하는 이와

시미즈 하치만구(石淸水 八幡宮)나 쿠마노(熊野), 코호다이시가 잠든 코야산, 성덕태자의 영혼이 깃들어 있는 사천왕사 생신불의 소재지인 젠코지 등이 정토신앙의 성지가 되었다. 영지로 향한 승려와 속인, 남녀를 불문하고 많은 사람들이 광범위하게 이동하는 본격적인 참배와 순례의 계절이 도래하는 것이다.

수적垂迹으로서의 석탑

묘지에 세워져, 납골의 대상이 된 석탑도 중세에는 피안의 부처의 수적이라 생각했다. 중세의 판비는 '석탑파'와 '졸탑파'로 불리어졌다. 그 정면에는 부처를 의미하는 범자(梵字)의 종자(種子)가 새겨져 있는 것이 보통이었다. 부처의 상징인 범자가 각인된 판비는 부처의 모습 그 자체였다. 그 때문에 판비를 건립하여 숭배하는 것은 불상을 건립하는 것과 동등한 이익을 얻을 수 있다고 믿었다. 판비가 본래가진 그러한 성격 때문에 범자가운데는 그 성성(聖性)을 강조하려고 옥좌나 불상 등의 위를 가리는 천개(天蓋)와 연화좌(蓮華座) 등 불상과 동등한 여러 형태의 장엄함을 나타내는 것도 있었다. 한편 토쿠시마(德島)·카가와(香川)·에히메(愛媛)·코우치(高知) 등의 시코쿠(四国)에 건립된 오륜탑과 보협인탑(宝篋印塔) 등의 석탑도 부처의 화신이라고 생각했다. 이와 같은 석탑을 성스러움의 상징으로 여겨 묘지 안에 세우거나 그 주변에 납골하면 사자는 그 후광으로 피안에 갈 수있다고 생각했다.

판비도 오륜탑도 모두 현세와 내세의 안온을 기원하기 위해 건립했다. 건립자는 그 공덕으로 죄가 사해지고 수명이 길어지고 사후의 안온이 약속되었다. 공양되는 사자들도 또한 탑파의 힘에 의해 괴로움이 있는 세계인 지옥·아귀·축생·아수라·인간·천상의 6도의 고계(苦界)로부터 빠져나올 수 있게 된다. 또한 탑파의 공덕을 수중(水中)에 만들면 그 공덕의 흐름에 스치는 모든 것이 영향을 받고, 산 정상에 세우면 공덕의 바람을 받는 모든 무리가 영향을 받는다고 한다. 그 가르침을 설파하면서 각지를 걸어 다니며 사람들에게 탑파를 세우기를 권한 사람이 중세에 활약했던 히지리(聖人)라 불리던 사람들이었다. 그 결과 건립자 자신의 사후 명복과 사자 공양을 목적으로 갖가지 형태의 석탑이 전국각지에 무수히 건립되었다.

정토신앙이 활발해져 피안표상이 농후하게 사회에 공유되었던 중세의 판비는 그곳에 누군가의 영혼이 오래 머물러 있는 시설이 아니고 어디까지나 사람들의 영혼을 피안에 잘 보내기 위한 장치였다. 석탑의 건립은 피안과의 통로를 만드는 작업이며, 그 주변을 작은 영지로서 신성한 용도로 쓰기위해 성별(聖別)하는 행위에 불과했다.

탑파인 판비자체가 성스러움의 표상이기 때문에 그 공덕은 그것과 연을 맺는 불특정 다수의 중생에게도 미친다고 믿었다. 판비 주변에 화장된 유골을 매장하고, 또한 납골지에 판비를 건립하는 것도 그 때문이었다. 앞 장에서도 소개한 마츠시마의 오시마에서도 판비 주변에 장기간에 걸쳐 납골이 행해진 흔적이 남아있다. 특정 인물의 위령(慰靈)을 목적으로 건립된 것이라도 중세의 판비는 기본적으로 모든 사람들에게 열려져 있는 공양탑이었으며 제3자의 결연을 막는 것은 아니었다. 유연(有緣)·무연(無緣)에 상관없이 모든 사람들에게 열려진 이러한 성격은 판비뿐 아니라 중세의 수적신앙(垂迹信仰) 전체가 가지고 있는 성격이었다.

명승지의 논리

이렇게 일본의 중세시대에는 사람이 영지에 찾아가는 것에 의해 사후의 정토왕생이 약속된다는 믿음이 널리 퍼져있었다. 생자뿐만 아니라 사자도 또한 유골을 영장에 매장함으로 인해 그 영혼은 피안에 갈 수 있게 된다는 것이다. 나는 앞에서 고인의 유체나 유골의 소재에 관심을 보이지 않는 중세 사람에게는 사자가 묘에 잠들어 있다고 하는 감각이 없었던 것은 아닐까라는 가설을 제시했다. 지금까지 언급한 내용은 그 근거를 충분히 제시했다고 생각한다.

중세의 사후의 이상은 이 세계를 떠나 어디엔가 다른 장소에 있는 이상세계에 가는 것이었다. 이 세계에 머물러 있는 망자는 아직 구제가 확정되지 않은 불쌍히 여겨야 할 사람이었다. 앞장에서 소개한 카스가야마(春日山)에 머무는 승려들도 본인들이 원해서 그곳에 있는 것이 아니라 현세에서 범한 죄를 속죄 받고 있는 것이다. 죄상이 소멸되면 신속히 이 세상을 떠나는 것이 그들의 공통된 희망사항이었다. 중세사회에서는 묘지에서 사자에 대한 어떠한 형태의 의식이나 회기법회(回忌法會)가 행해졌다하더라도 그 의식들의 목적은 묘에 잠들어 있는 사자와의 대화가 아니라 아직 묘지에 머물러 있을지도 모르는 망자의 영혼을 확실하게 피안에 보내주기 위한 추선 의례였다. 그 때문에 매장을 하지 않게 된 묘지는 아무리 거대한 곳이라도 이치노타니(一谷)유적처럼 초목이 무성한 채 방치되어 잊혀져버리는 운명에 처해 있었다.

다시 한 번 지금까지 찾아본 중세의 묘지를 상기해 보기로 하자. 묘지들은 거의 대부분이 예외 없이 명승지로 불리는 확 트인 경치가 좋은 장소에 만들어졌다. 그것은 납골지역의 경우도 같았다. 마츠시마의 오시마(雄島)와 같이 묘지로서의 기억은 사라지고 풍광명미(風光明媚)한 관광지로 변화된 장소도 있었다. 그 이유는 중세의 묘지가 사자가 거주하는 장소가 아니라 눈에 보이지 않는 먼 피안으로 가는 출발장소라고 생각했기 때문이다. 성지에 옮겨진 망자는 그곳에 있는 수적의 뒷받침으로 피안의 부처의 인도에 의해 이 세상의 명승지에서 참 명승지인 정토로 비약을 시작하게 된다.

그 때문에 묘지는 가능한 피안과 가까운 가장 청정한 땅이어야만 했다. 중세의 가인(歌人)이자 수필가인 카모노 쵸메이(鴨長明, 1155-1216)가 『호죠키(方丈記)』에서 그 초암(草庵)의 모습을 '계곡은 나무가 무성하지만 서쪽은 전망이 훤히 열려있다. 일심으로 서방정토를 기원하는 마음이 없는 것은 아니다.'라고 기록한 것과 같이 극락왕생을 바라는 사람에게 있어서는 서방의 전망을 잘 볼 수 있는 장소가 바람직했다.

그 곳은 또한 정토로 길을 안내하는 부처의 화신이 출현하는 장소이기도 했다. 그 때문에 속세의 더러움에서 먼 곳이어야 할 필요성이 있었다. 여행길을 떠나는 땅은 빛이 충만하고 현세에서 가장 아름다운 장소가 아니면 안 되었던 것이다. 니치렌은 카마쿠라시대의 비구승인 센니치니(千日尼)에게 미노부(身延)에 납골된 센니치니의 남편 '아불방(阿仏房)'은 영산정토(靈山浄土)의 다보탑 속에서 동쪽을 향해 계신다는 글을 써 보냈다. 고인의 유해를 매장한 묘에 대한 그리운 마음을 끊어 낼 수 없다 하더라도 '아불방'이 있어야 할 땅은 그곳이 아니었다. 우주의 근원 신으로서의 석존이 있는 영산정토야말로 신앙을 관철한 고인에게 가장 알맞은 장소였다.

같은 카마쿠라 불교의 범주에 묶여있더라도 「입정안국(立正安国, 릿쇼안꼬쿠론)」[17]이 새겨진 깃발을 들고 이 세상에 불국토를 세우려

했던 니치렌은 헤이안시대 이래 정토신앙의 계보를 잇는 호넨(法然), 신란(親鸞)들과 비교하면 현세중심주의를 아주 강하게 나타내고 있다. 그러나 중세의 피안지향의 큰 물결은 호넨을 격하게 규탄하고 있던 니치렌의 신앙에까지 끼치고 있었다.

풀잎 그늘에서 잠들다

「프롤로그」에서 언급한 바와 같이 오늘날의 일본열도에서는 성묘가 일상생활과 아주 밀접한 관계에 있다. 가장 큰 연중행사인 오본(盆)이 되면 사람들은 대대적으로 고향에 돌아가 부모나 선조가 잠들어 있는 묘지를 찾아가 마치 망자가 그곳에 있는 것처럼 이야기를 한다. 대부분의 일본인에게 있어서는 '풀잎 그늘에서 잠들다'라는 형용을 아주 현실적으로 받아들이고 있다. 그러나 중세까지 거슬러 올라갔을 때 망자 본연의 모습은 전혀 달랐다. 중세에는 죽은 사람은 묘지에 없었다. 이 세상에 머무는 사자는 불행한 존재였다. 일본 열도에서의 사자에 대한 관념은 180도의 선회를 보여주고 있다.

일본 열도의 정신세계에 일어난 이러한 큰 변동은 언제 어떻게 시작된 것일까. 그 원인은 도대체 무엇일까. 사자가 있어야 할 곳이 아니라고 생각한 중세의 묘지에서, 항상 머물며 연고자의 방문을 기다리는 오늘날의 묘지에의 전환은 어떠한 과정을 거쳐 실현된 것일까.

---

17) 니치렌이 일본 최고 권력자였던 호죠 토키요리(北条時頼)에 대해 법화경에 귀의하지 않고 사종(邪宗)을 신앙하면 국난이 발생하고 나라가 멸망한다는 주장을 한 것이다. 입정안국론(立正安国論)은 니치렌의 불교이해의 기본이었다.

제4장
계약하는 산자와 죽은자

분절화되는 공간

이 세상을 정토에 왕생하기까지 임시로 머무는 장소라고 생각하는 중세 전기의 세계관이 변용하기 시작한 것은 14세기, 중세 후기에 들어가서이다. 그때까지 관념세계에 있어서 현세를 압도하고 있던 볼 수없는 타계의 실재성이 점차 희미해져, 사람들의 주요 관심이 저세상에서 이세상의 문제로 이행하기 시작했다.

이것은 피안이 쇠퇴, 축소하여 현세의 무게가 피안에 비해 확대되어가는 현상으로 파악 할 수 있다. 근세를 거쳐 근대까지 계속하여 사회의 세속화가 진행된다. 자신이 정토에 날아가는 모습을 상상 할 수 없게 된 사람들은 내세에서의 구제보다 이 세상에서의 행복의 실감과 생활의 충실을 중시하는 길을 선택하게 되었다.

신분이나 계층을 초월하여 만인을 확실히 구제해주는 구제자는 어디에도 없었다. 약속의 땅으로서의 피안세계의 관념이 약해진 지금 사자가 가야할 장소는 이 세상과 단절된 먼 정토가 아니었다. 이제 사람들은 사후에도 이 세상에 계속 머물게 된 것이다.

중세후기부터 주류를 이루어가는 새로운 세계관을 표현한 것이 무로마치시대에 제작된 「쿠마노 관심십계만다라(熊野観心十界曼陀羅)」

이다. 이것은 불교적인 세계관을 한 장의 그림에 담아 그린 작품이며, 쿠마노 비구니라 불리는 여성 종교인이 휴대하고 각지를 돌며, 사람들에게 그 그림 해설을 했다.

위쪽에는 둥근 아치형의 산비탈이 그려져 있다. 그곳에는 오른쪽 비탈 아래에 있는 유아가 점점 성장하여 정점에서 영달을 이루고 비탈을 내려감에 따라 늙어가는 모습이 묘사되어있다. 인생의 출발점과 종착점을 나타내는 것처럼 비탈 양끝에는 각각 출산과 묘지의 광경이 배치되어있다. 중앙에는 '마음 심(心)'자가 쓰여 있고 그 위쪽에는 아미타불과 성자의 무리가, 아래쪽에는 지옥 등의 악도(惡道)에서 고통을 받고 있는 많은 사람들이 그려져 있다.

여기에는 사람은 이 세상에 탄생하여 죽음에 이르는 리사이클을 반복하는 것뿐이며 어딘가 다른 세계에 가버리는 일은 없다. 가기를 염원하던 정토도 싫어하는 지옥도 이 세상의 내부에 존재한다. 이상적인 인생은 미지의 피안세계에 왕생하는 것이 아니라, 이 세상에서 풍족하고 평온한 인생을 마치는 것이었다. 죽음은 이 세상에 복귀할 때까지의 잠시 쉬는 시간이었다.

부처는 이제 사람을 타계에 인도하는 일을 하지 않는다. 그 역할은 인간이 생과 사 그 어느 쪽의 세계에서도 온화한 생활을 보낼 수 있도록 보호해 주는 것이었다. 중생이 길을 잘못 들어서 지옥·아귀·축(畜)·생(生)·수라(修羅) 등의 악도(惡道)에 떨어지는 것을 막고 만에 하나 전락할 경우는 그곳에서 구제하는 것이었다. 만약 공포나 고난이 닥치더라도 익숙한 이 세상에 재생하는 것이 사람들의 기원이었다. 그리고 그것을 실현하는 가장 중요한 요인이 「마음」의 자세였다.

『쿠마노 관심십계만다라(熊野観心十界曼陀羅)』 보성사(宝性寺)소장

생과 사의 영역 분리

가까웠던 고인은 그 사람의 생전의 모습이 회상되는 그리운 존재이다. 그러나 아무리 가까운 인물이라 해도 죽은 자는 까닭 모르게 무서운 존재임에는 변함이 없다. 더구나 타인이라면 그 두려움은 한층 더하다. 그러한 사자는 마음 가는대로 훨훨 무질서하게 떠돌아다니며 머물러 있지 않는다.

사자가 기본적으로 이 세상에 없다고 생각한 중세에는 일반적으로 사자에 대한 사람들의 불안은 그다지 심각하지 않았다. 괴로워하는 망자를 확실하게 피안에 보내주는 절대적인 구제자에 대한 신뢰도 깊었다. 고료(御靈)[1]와 같이 사회적으로 큰 영향을 주는 사자는 있지만, 일반인이 이러니저러니 할 수 있는 레벨의 문제는 아니었다. 그러나 중세 후기를 거쳐 에도시대가 되어 죽은 자가 이 세상에 머문다는 관념이 널리 공유되면서, 사자와 조우하는 공포를 어떻게 해소할 것인가가 큰 문제가 되었다.

그때 인구의 대다수를 차지하는 농민의 정주화(定住化)가 진행되어 부모에서 자식으로 대대로 계승되어 이어가는 '가문(家)'이라는 관념이 서민계층에까지 정착되었다. 세대가 변해도 같은 토지에 살며 한 집안을 지키며 사는 것을 당연하다고 생각한 가문에 대한 의식의 확립은, 기억되고 공양되어야하는 선조의 수를 비약적으로 확대시키는 결과를 낳았다. 해를 거듭함에 따라 이 세상에 체류하는 사자의

---

1) 사람들을 위협하는 천재나 역병의 발생을 원한을 가지고 죽은 원령(怨靈)의 짓이라 두려워하여 이 원령을 제사지내고 위로하여 착한 영 고료로 만들어 재앙을 피하고 평온과 번영을 얻고자하는 일본의 신앙이다.

수는 계속 증가해 갔다. 이러한 대
량의 망자들과 어떻게 평화롭게 공
생할 것인가가 사람들의 새로운 과
제였다.

여기에서 생각한 공존 대책이 산
자와 죽은 자, 양자가 거주하는 영
역을 분할하는 방법이었다. 무질서
한 죽은 자의 월경(越境)이라는 심
각한 문제를 해결하기 위해서 근세
인들은 망자와의 사이에서 서로 상

매장묘(埋墓) 미에현(三重県)

대의 공간을 침범하지 않겠다는 약속을 했다. 이 계약에서 새롭게 지
정된 죽은 자가 정주하는 장소는 묘지였다. 죽은 자는 보통 그 본적
지인 묘지에 몸을 숨기고, 결코 인간 세계에 출몰하지 않는다는 계약
서에 사인하도록 했던 것이다.

묘지가 사령이 사는 곳이라 생각했던 그 첫 번째 이유는 그곳이
유해가 있는 장소였기 때문이다. 살아 있는 사람이 집에서 사는 것처
럼 죽은 자의 영혼이 특정 장소에 정주하기 위해서는 영이 나타날
때 필요한 매체가 필요했다. 근세에는 유골과 묘가 그 역할을 떠맡게
되었다. 그러나 유체와 유골의 존재는 반드시 그 장소에 사령이 정착
하기 위해서 불가결한 조건은 아니었다. 유골이 실제 묘 안에 있는
것은 바람직한 것이었지만, 묘표(墓標)가 그 역할을 대행할 수 있다고
생각했다. 유체를 묻는 땅과 그 공양을 행하는 장소를 분리하는 '양묘
제(両墓制)'를 행하는 지역에서는 유체가 있는 매장지와는 다른 곳에
묘표를 세워 참배하는 묘를 마련하였다. 그러나 망자가 상주하는 곳
이라고 생각하며 지속적인 참배 대상이 된 것은 묘 쪽이었다.

또한 니이카타현(新潟県), 후쿠야마현(富山県), 이시카와현(石川県), 후쿠이현(福井県)의 4개 현이 있는 중부지방인 호쿠리쿠(北陸)지역의 진종(真宗)이 주를 이루는 지역과 같이 기명식(記名式)의 묘를 세우지 않고 유골을 쿄토 본원사(本願寺)의 신주를 모시는 사당에 납골하는 관습이 있었다. 이들 지역에서는 불단이나 그곳에 모신 위패가 묘석의 역할을 대신했다. 근세사회에서 중요했던 것은 망자가 그곳에 있다고 실감하고 그곳을 향해 손을 모을 수 있는 구체적인 상징의 존재였다. 그것은 묘석뿐만 아니라 불단이나 위패 등도 대용가능하다고 생각했다.

근세사회에 이르러 묘는 그 역할이 일변했다. 중세의 묘는 그곳에 부착된 영혼이 타계에 비약하기까지 머무는 나무였다. 구제된 영혼은 결국 묘지에는 없는 것이다. 그러나 근세의 모든 영혼은 묘를 떠나지 않고 언제까지나 그곳에 머물게 되었다.

이러한 과정을 거쳐 일본열도에서는 고인과 그 묘를 일체시하는 경향이 점점 강화되어 갔다. 「풀잎 그늘에서 잠들다」라는 근 현대인이 공유하는 감각이 양성되어 갔다.

배회하는 사자

중세후기부터 묘지가 망자의 알맞은 위치라는 관념이 사회에 정착되어 가지만 그렇다고 하더라도 망자는 여간해서 일정 장소에 머물러 주지 않았다. 누군가에게 강한 원한을 남기고 죽은 사람이 그 상대 앞에 출몰하는 현상은 고대부터 있었다. 『콘자쿠모노가타리슈』에 묘사되어있는 미나모토노 토오루(源融)처럼, 정성을 기울인 화려한 저택과 정원에 미련을 남기고 죽은 사람이 사후에도 그곳에 계속 머물러 있는 경우가 있었다.

근세가 되어 산자와 죽은 자와의 사이에 맺은 평화공존의 계약은 사자를 좁고 쓸쓸한 이 세상의 한구석에 밀어 넣으려 하는 것이며, 사자에게는 아주 불리한 내용이었다. 이것은 살아있는 사람 쪽에서만 허용한 것이다. 그 때문에 생자 쪽은 사자가 환경이 나쁜 묘지를 싫어해서 방황하며 떠돌지 않도록 하기 위해서 이 계약에 몇 개의 조건을 덧붙이지 않으면 안 되었다.

그 하나는 근친자가 정기적으로 묘지를 방문해서 망자가 외롭지 않게 살도록 배려하는 것이다. 일반서민에까지 성묘의 습관이 정착해 가는 것은 에도시대 중기 이후부터다. 이 시기가 되면 망자는 자손이 때때로 방문해 주기를 간절히 바라며 묘지에 잠들어 있다는 이미지가 사회적으로 널리 공유되기 시작한다. 생자 쪽에서 일방적으로 묘를 방문하는 것만은 아니다. 지금도 오본 때에는 자택에 조상을 맞이하여 공양할 상차림으로 정령다나(精霊棚)라고 하는 본다나(盆棚)를 마련하여 맞이하는 불을 피우는 관습이 각지에 남아 있다. 마치 야부이리(薮入り)[2]에 기숙하며 일하던 직원들이 귀향하는 것처럼, 망자는 이 시기가 되면 묘지를 나와 맞이하는 불빛에 의지하며 그리운 집으로 돌아와 그 곳에서 식사와 목욕 접대를 받았다. 방문시기가 끝나면 짚과 야채로 만든 소를 타고 그 본래의 거주지에 되돌아간다.

이렇게 사후에도 고인은 현세에 남은 연고자와 밀접한 관계를 가

2) 에도시대에 널리 퍼진 이 관습은 상가 등 일터에서 기숙하며 일하던 직원이나 시집간 딸이 집에 다니러 가는 것이 힘들었던 시기에 휴일로 정해 고향이나 친정에 가도록 정한 것이다. 정월의 1월 16일과 오본의 7월 16일이 야부이리 날이다.

지면서 때때로 교류를 즐기면서 묘지에서 제2의 인생을 살아가는 것이다. 그러나 문제는 남아있다. 산자는 각자 일상의 생활이 있어, 망자가 있는 곳에 그렇게 자주 방문하지 못한다. 오본이나 히간(彼岸)이외의 시기에는 망자는 그 누구와도 만나지 못한 채, 묘지에서 고독한 시기를 보내지 않으면 안 된다. 그래서 살아 있는 사람 쪽에서 평소 망자가 외롭지 않도록 또 하나의 조건을 제시했다. 그것은 묘지를 항상 독경소리가 들리는 절의 경내에 만드는 것이었다.

지금 절이라고 하면 우리들은 바로 하카(墓)[3]를 연상한다. 현재 대부분의 사원은 경내에 묘지를 가지고 있다. 절과 묘지는 끊으려 해도 끊을 수 없는 관계가 있다. 그러나 경내에 일반인의 묘지가 마련된 것은 불교전래 이후의 전통이 아니다. 예를 들어 일본에서 가장 오래된 사원에 속하는 성덕태자 연고의 사천왕사와 법륭사는 그 사원 지역에 묘지를 가지지 않았다. 고대의 사원은 본래 묘지를 가지지 않았다.

중세에 이르러 코야산과 간고지(元興寺)에 전형적으로 보이는 것처럼 사원 내부에 화장된 유골을 가지고 오는 경우가 있다. 묘지 안에 산마이도(三昧堂) 등으로 불리는 사자공양을 목적으로 건축물이 세워지기도 했다. 그것은 피안으로 가는 통로로서의 영지(靈地)와 그곳에 있는 수적의 역할에 기대한 행위였다. 고인의 유골은 성지에 옮겨졌지만 한번 납골 의식이 끝나면 두 번 다시 뒤돌아보지 않았다. 영혼이 떠난 유골은 그냥 뼈에 불과했던 것이다. 그러나 근세에는 사정이 달라졌다. 사자는 언제까지나 묘지에 있는 것이다. 그 사자들이

---

3) 일본의 집안 묘를 하카(墓)라 칭한다. 일본의 하카는 각각의 개인 묘를 만들지 않고 대대로 그 집안 조상의 유골을 함께 납골하여 모신다.

심심하지 않도록, 또 평온한 잠을 지속할 수 있도록 묘지는 조석으로 승려들의 독경 소리가 들리는 사원내의 경내에 만들 필요가 있었다. 그 소리를 들으면서 망자들은 편안한 양지에서 꾸벅꾸벅 졸고 있는 노인처럼 연고자의 방문을 기다리며 조용한 마음으로 지낸다.

그러한 사정을 배경으로 하고 있기 때문에 특정 종파의 독신자를 빼면, 근세사회에서는 사자가 잠든 사원의 종파가 문제시 되는 경우는 없었다. 매장되는 묘지가 어떤 종파의 절이라도 사자에게 지장을 주는 일은 없었다. 읽혀져야 할 경전의 종류나 내용을 가리는 일도 없었다. 일상적으로 고마운 경을 들을 수 있으면 좋은 것이고, 그것을 읽는 승려가 어떤 종파의 사람인지 그 경전이 어떤 것인가는 본질적인 문제가 되지 않았다.

근세의 사자들에게 독경 소리는 편안한 잠을 유도하는 배경 음악 그 이상도 그 이하도 아니었다. 이 두 가지 조건을 받아들이는 대신 망자는 자신의 묘에서 얌전히 머물 것을 약속하였다.

길거리의 묘지 센다이시(仙台市)

오본의 사자공양 아이즈시(会津市)

내방을 기다리는 사자들

중세에서 근세의 이행기에 일어난 사생관의 변화를 배경으로 근세 사회에서의 묘지는 본당과 접한 곳에 건립되는 것이 일반화되었다. 묘가 없는 중세 이전의 사원에서 사당(寺堂)과 묘지가 한 세트로 구성된 근세 사원으로 전환된 것이다.

사학자인 타마무로 타이죠(圭室諦成, 1902-1966)가 각지에서 시행한 조사에 의하면 오늘날 현존하는 사원의 대부분이 16세기 후반부터 17세기 전반에 걸쳐 건립되었다. 창설의 목적은 그 대부분이 국가의 주군, 가정의 가장, 일족 등 인연 있는 사람들을 모시는 보다이지(菩提寺)4)나 묘지를 만들기 위한 것이었다.

이 외에도 중세에 유행한 재지영주(在地領主)의 지불당(持仏堂)5) 혹은 민중들의 자치적·지연적(地緣的) 결합에 의한 공동조직의 촌락 형태를 말하는 총촌(惣村, 소우손)이 유지해온 총당(惣堂)을 재흥한다는 명분으로 사자공양을 주로 하는 사원이 대량으로 건립되었다. 촌락이나 마을마다 사원이 있고 그곳에는 묘지가 부속되어 있어 고인을 만나기 위해서 그곳에 참배하러 가는 오늘날까지 계승된 풍습의 기원은 근세 성립기로 거슬러 올라간다.

근세에 들어와서 각지에 건립된 영주가 거주하는 성을 중심으로 이루어진 도시인 죠카마치(城下町, 성곽도시)에서는 시가지의 바깥

---

4) 대대로 그 절의 종지(宗旨)에 귀의해서 선조의 위패를 모시는 절. 여기에서 보다이(菩提)라는 것은 「사후의 명복」을 가리키며, 그 가문의 조상의 명복을 기원하며 추선 공양하는 사원을 의미한다.
5) 일상적으로 예배하는 불상 또는 위패를 안치하는 건물이나 방으로 넨즈도(念誦堂)라고도 부른다.

주변 한편에 테라마치(寺町)⁶⁾가 정해져 모든 종파의 사원이 건립되었다. 17세기 초반부터 다테 마사무네(伊達政宗, 1567-1636)의 성곽도시로 건설되기 시작한 센다이는 황야에 용수를 끌어들여 새로운 도시를 건설한다는 장대한 계획을 기본으로 탄생한 도시이다. 시가지는 아오바죠(青葉城) 오테몬(大手門)의 정 동쪽에 펼쳐진 현재의 나카케쵸(名掛丁)를 중심축으로 형성되었지만 그 북쪽과 동쪽 외곽를 따라 테라마치가 마련되었다.

센다이의 북쪽 경계를 이루는 구릉 위에 동창사(東昌寺), 광명사(光明寺), 자복사(資福寺), 각범사(覚範寺), 윤왕사(輪王寺) 등의 선사(禅寺)가 줄서있는 북산(北山)은 당시 테라마치의 모습이 남아있다. 이 사원에는 오래전부터 다테가(伊達家)의 보다이지(菩提寺)로서 다테가의 역대 연고가 있는 인물의 묘를 가지고 있는 사람이 많았다. 광명사(光明寺)에는 견구사절(遣欧使節)⁷⁾로 로마를 방문한 하세쿠라 츠네나가(支倉常長)의 묘가 있다. 이러한 사원은 특정 인물의 보다이지로서 그 묘를 지키기 위해서 건립된 것이었다. 묘에 잠든 사람이 그 대우에 불만을 가지지 않도록 봉사를 계속하는 것이 사원의 임무였다.

묘사(墓寺)로서의 특징은 동쪽방면의 방위선을 겸해 조영된 사원들에서도 잘 나타난다. 북산의 절들이 다테 가문과 깊은 관계를 가지

---

6) 사원을 중심으로 형성된 지역에 붙여진 마을 이름으로 일본 전국의 도시에 있다. 많은 죠카마치에서 사원을 도시의 외곽에 함께 두어 적의 공격이 있을 때 방패로 삼기위한 의도로 만들었다.
7) 1613년 센다이 번주, 다테 마사무네(伊達 政宗)가 프란시스코회 선교사 루이스·소테로를 정사(正使), 하세쿠라 츠네나가(支倉常長)을 부사로 스페인 국왕 페리 3세와 로마교황 바울 5세에게 파견한 사절단을 말한다.

고 있음에 비해, 성 아래쪽 마을에 해당하는 동부의 절은 무사 계층부터 도시에 거주하던 직인(職人), 상인의 총칭인 쵸닌(町人)층까지 센다이를 구성하는 여러 층의 주민들의 묘가 세워져있다. 여기에서도 사원이 건립된 목적은 묘를 지키기 위해서이다. 구제장치로서의 사원이 유체나 유골을 흡인하는 중세와는 달리 먼저 사자가 정주하는 묘가 있고 그에 부속되어 사원이 설치되는 것이 근세사회의 특색이다. 중세와 근세에는 묘와 사원의 인과관계가 역전되고 있었다.

구제관념의 전환

근세에는 사후에도 오랜 기간에 걸쳐 산자와 죽은 자가 밀접한 관계를 유지하는 시대였다. 망자 한 사람 한 사람에 대해서 보통 있어야 할 장소, 즉 본적지가 지정되었다. 사자가 묘지에 조용히 머물러 주는 것에 대한 조건이 친족 연고자의 정기적인 방문이었기 때문에 방문해 오는 사람이 확실하게 고인과 대면 할 수 있도록 묘비 표면에는 계명(戒名)이나 법명이 새겨져있다. 마치 살아있는 사람의 집을 방문하는 것처럼 방문하는 사자의 묘가 틀리거나 바뀌는 일은 허락되지 않았다. 그 때문에 묘지에 있는 사자는 중세처럼 익명으로 있지는 않았다. 또한 누구라도 기원을 올리는 것이 허용된 중세의 석탑과는 달리 매장된 사람의 묘에 참배할 수 있는 사람은 사자의 근친자나 연고자뿐이었다.

중세에서 근세 전환기에 일어난 이러한 세계관의 변용은 당연히 사람들의 구제관념에도 중대한 영향을 미쳤다. 중세에는 호넨(法然)이나 신란(親鸞)의 본원타력(本願他力)[8] 사상에서 단적으로 보이는 것처럼 구제는 절대자의 힘에 의해 삽시간에 성취되는 것이었다. 정토에의 왕생이 반드시 최종적인 구제를 의미하는 것은 아니었지만 그래도 속세와는 이질적인 공간으로 단시간에 이동한다는 뜻을 포함하고 있다.

중세에서 근세 이행기(移行期)에 타계정토에 대한 실재성의 쇠퇴는 필연적으로 정토의 주인인 구제자에 대한 관념의 축소를 동반했다. 세속화가 진전되는 근세사회에서는 이미 사자를 확실히 구제해주는 궁극의 근원신이 활약하는 여지가 남아 있지 않았다. 구제관념 자체를 종교적인 맥락을 떠나 인간이 누리는 현세적인 안락의 이미지에서 인식하게 되었다. 이제는 성불이 먼 타계로 여행을 떠나는 것이 아니라 이 세상에서 편안히 잠드는 것이다. 부처는 인간이 도달해야 할 궁극의 목표가 아니라 묘에서 쉬고 있는 친근했던 망자의 모습 그 자체였다.

타계정토에 있는 부처의 구제능력에 대한 신뢰를 잃어버린 근세에는 망자가 최종적으로 안심할 수 있는 경지에 도달하기 위해서 가장 중요한 요건이 된 것은 연고자와의 장기간에 걸친 교섭이었다. 사자공양의 주역이 부처에서 사람으로 이행하게 된 것이다. 사자는 묘 안에서 자손들이 살아가는 모습을 바라보면서 온화한 제2의 인생을 보낸다. 그리고 하천의 흐르는 물이 돌 모퉁이를 갉아 둥글게 만들 듯이 긴 시간에 걸쳐 조금씩 세속의 원념(怨念)을 정화하고 온화한 조상신으로 등극하는 것을 이상으로 하였다.

---

8) 아미타불이 중생을 구제하는 본원(本願 숙원)이다. 일본 정토교의 아미타신앙의 기본이 되는 교의로 스스로 쌓은 수행의 공덕에 의해 깨달음을 얻는 것이 아니라 아미타불의 본원에 의해 구제된다는 것이다.

그리하여 근세사회에서는 연고자나 자손과의 장기간에 걸친 교섭을 거치면서 사자가 신으로 변신해 가는 시스템의 정비가 진행되었다. 사망 직후부터 77일을 거쳐 33회기, 50회기에 이르는 여러 가지 공양방식이 고안되어 종파를 초월한 지역 공통의식으로 정착되어 갔다. 연고자는 이러한 과정이 잘 성취되도록 때때로 망자가 있는 곳에 방문하거나 혹은 망자를 집에 초대하여 고인이 외롭지 않게 살도록 배려하는 것이 요구되었다. 이러한 사자공양의 의례는 지역마다 다양한 변화를 겪으며 지금까지 계승되어 왔다.

조상신이 되는 길

지금은 보기도 힘들지만 일본열도 각지에서 묘지에 유해를 매장한 후, 묘위에 개를 물리치는 장치가 설치되거나 낫과 같은 소도구를 놓는 풍습이 있었다. 이것은 예로부터 들개가 묘를 파헤치는 것을 방지하고 악령이 유해에 붙는 것을 막기 위한 것으로 해석되어왔다.

이에 비해 근년에 이와타 시게노리(岩田重則)는 이러한 것이 기본적으로 영혼이 유체에서 빠져나오는 것을 막기 위한 장치라는 것을 명확히 밝혔다. 지금은 많이 간략화 되었지만 사망 직후부터 49일까지 끊임없이 계속되는 번잡한 장송의례를 거친 사자의 영혼이 유체에서 마음대로 나와 떠돌아다니는 것을 막고, 영혼을 달래어 지정된 묘에 정착시키는 것에 그 목적이 있었다. 그러한 시도가 성공하면 사령이 무해화 되어 처음으로, 사자는 종종 자택의 초대에 응할 수 있는 가까운 조상령으로 변화하는 것이다.

계절마다 계속되는 망자와의 친밀한 대화와 교류는 공양하는 쪽에서도 자신들도 사후에 연고자와의 관계를 지속할 수 있다는 생각을 심어주었다. 본다나(盆棚)에 조상을 맞이하여 정성껏 공양을 올리는 사람들은 그 조상령에게 몇 십 년 인가 후에 그곳에 모셔져 공양을 받을 자신들의 모습을 생각한 것이다.

조상에게 보호되고 있다는 인식은 언젠가는 자신도 '조상'이 되어 자손을 보호하고 지켜주게 된다는 확신을 주는 근거가 되었다. 고인의 안락한 후생은 살아 있는 사람에게는 자신들의 사후의 안락을 보증하는 것이었다. 이러한 감각을 공유하는 사회에서는 생과 사는 함께 연속해 가는 것이다. 사자의 세계는 미지의 암흑세계가 아닌, 다시 이 세상에 소생할 때까지의 휴식처이다. 죽음은 끝이 아닌, 생자와의 새로운 관계의 시작이었던 것이다.

일련의 의식을 거쳐 자신의 묘지에 익숙해진 망자는 친족이나 연고자들과 교섭을 거듭해가면서 묘 안에서 기분 좋은 잠을 즐긴다. 그리고 수십 년이 지나 고인을 기억하는 사람이 아무도 없을 때 망자는 고유명사를 잃고 다음 장소로 향하게 된다.

일본열도에는 사후 일정기간이 경과하면 각 개별 망자에 대한 묘지 참배와 공양을 그만두는 풍습은 일반적으로 널리 퍼져있다. 연기를 끝내는 「토무라이아게(弔い上げ)」9)라는 행사는 빠른 것은 7회기(回忌)로 하지만 많게는 33회기와 50회를 기점으로 하기도 한다. 토무라이아게 행사에는 「우레츠키 탑파(梢れ付き塔婆)」10)로 불리는 가

---

9) 사람이 죽은 후 매년 돌아오는 기일인 연기(年忌)의 마지막을 가리키는 것으로 일반적으로 33회기나 50회기가 여기에 해당 되나 17회기, 100회기 등을 기점으로 연기를 끝내는 경우도 있다. 토무라이아게(弔い上げ)를 하면 그 후에는 일제의 법사는 하지 않으며 연기법요(年忌法要)는 종료된다.
10) 33회기·50회기 등 마지막 연기의 공양 때에 묘에 세우는 잎이 붙은 탑파로

지와 잎이 달린 생나무로 만든 탑파를 세우는 관습이 있는 지역이 많다. 야나기타 쿠니오(柳田國男)가 『선조이야기』에서 논한 것처럼 죽은 자는 어떤 단계에서 고유명사를 잃고, '조상'이라는 조상령의 집합체에 흡수된다. 그것을 전환기로 죽은 자는 공양의 대상에서 신으로 모셔지는 존재로 변화된다. 그 변환시점이 마지막 기일제사인 토무라이아게이다.

땅에 꽂은 생나무 탑파가 뿌리를 내리면 사자가 이 세상에 환생했다는 증거라고 하는 지역이 있다. 사자에게는 최종적으로 신으로 상승한다는 방향성에 더하여, 잠깐의 휴양을 거쳐 이 세상에 재생한다는 선택지도 남아있었다. 죽은 사람은 그대로 조상에 흡수되던지 혹은 잠깐의 휴양을 끝내고 다시 생자들이 사는 이 세계에 복귀하지만 만약 복귀한다면 어느 시기에 할 것인가 라는 문제는 사자 본인의 희망과 남겨진 연고자의 바람에 더해 지역의 문화적 풍토의 조합으로 결정되었다.

무연불無緣佛과 무너지는 지옥

일본의 근세는 그 이전의 세계와는 전혀 그 질이 다른 사자공양의 시스템이 만들어졌다. 피안표상의 쇠퇴와 사회의 세속화를 배경으로 사자는 부처에 의해 구제되는 것이 아니라 산자와의 긴 교류를 통하여 안정된 존재로 되어간다. 그러나 근세에서도 이 시스템에서 빠지는 존재는 있었다. 서민층까지 안정된 가계(家系)가 형성되어 가는

하츠키탑파(葉付塔婆)라고도 한다.

근세였지만 그래도 가문을 형성할 수 없었던 계층이나 사람들은 있었다. 그들은 도시에 거주하는 하층민이다.

막부가 있는 에도에는 각지에서 도시 기능의 저변을 받쳐주는 단순노동자나 무가(武家), 상가(商家)내부에서 잡일에 종사하던 대량의 주민이 흘러들어왔다. 이 사람들 가운데는 단신으로 주인집에서 일생을 마치는 이들도 많았다. 유곽에서 일하는 유녀(遊女)도 그 수가 엄청나게 늘어났다.

그러한 인물들이 죽으면 일할 사람을 알선하던 히토야도(人宿)나 주인집의 적절한 조처로 간단하게 장례를 치르고 묘지에 매장되었다. 형식적이라도 장례가 행해지는 사람은 나은 편이었다. 일용직 하층 노동자들의 대부분은 죽으면 묘지에 버려져 방치되었다. 유녀의 유해도 '유해를 갖다버리는 절'로 알려진 정한사(浄閑寺)와 같은 사원에 옮겨졌다.

그 사체는 묘지에 부속된 화장·매장과 묘지 관리를 맡았던 승려인 하카마모리(墓守)라고도 불린 산마이히지리(三昧聖)나 화장터에서 시체 화장을 직업으로 하던 사람인 '온보우(御坊)' 등으로 불리는 사람들에 의해 위생적인 면에서 도시기능을 방해하지 않는 최소한의 매장 조치가 취해졌다. 이리하여 근세의 묘지는 정연하게 구획된 묘석이 질서 정연하게 늘어서있고 향과 꽃이 끊어지지 않는 구역과는 달리 묘표도 세우지 않은 채 무질서하게 매장이 반복되는 또 하나의 영역이 형성 되었다.

전국시대 이후에 만들어진 죠카마치(城下町)에서는 그 규모의 크고 작은 차이는 있어도 어디에서든 이러한 현상은 보였다. 농촌에서도 가족을 형성하지 못한 남자하인이나 소작인 등의 집안 노동자는 다수 존재했다. 그들의 유해도 모두 무연고 묘지에 매장되었다. 근세

사회는 망자가 죽은 후에도 개성을 가지고 이 세상에서 생자와 공존하는 시대였다. 그럼에도 불구하고 이 사람들은 묘석도 없고 묘지에 옮겨지는 순간에 사회로부터 잊혀지는 존재였다.

묘지에 방치된 사람들은 중세에도 있었다. 그러나 중세에는 무연고의 사자라도 한번 성지에 옮겨지면 그곳의 '땅의 영험(靈驗)', 『석문비약(釈門秘鑰, 샤쿠몬히야쿠)』으로 피안에의 비약이 실현되고 종교적 구제가 달성되는 것으로 믿었다. 그러나 근세는 친족연고자에게 공양되어짐에 의해 사자가 욕망과 원염(怨念)을 떨쳐버리고 평온하게 잠든다고 생각한 시대였다. 그래서 공양할 친족이나 연고자가 없는 사자인 무연불이 되는 것을 극도로 두려워했던 시대였다. 일단 묘지에 매장되었다고 해도 아무도 방문하지 않은 채 방치된 사자는 근세적인 공양 시스템 속에 있는 사람에 비하면 묘지를 벗어나 떠돌아다니기 쉬운 존재로 인식되었다. 단지 유해의 안치장소 이상의 근세이후의 묘지가 가지는 무엇이라 말할 수 없는 불미스러운 기운은 묘표를 가지지 않은 매장자나 무연불의 출몰에 대한 기피와 공포의 감정에 의한 것이 컸다. 그 때문에 근세사회에서는 연고자가 없는 사자를 어떻게 돌보는가가 중요한 과제가 되어 지역마다 여러 가지 행사가 행해졌다. 그 가운데서 가장 널리 행해졌던 것이 시아귀(施餓鬼)의 법요이다.

이 법회는 우라본(盂蘭盆)[11]의 시기를 중심으로 현재에도 많은 사원에서 개최되고 있다. 이와 더불어 물고기나 새 등의 살아 있는 것을 자연으로 되돌려주는 방생회를 하는 곳도 있었다. 묘지에 안주하거나 성불하지 못하고 이 세상을 떠돌아다니는 사자가 마음의 평온

---

11) 7월 15일을 중심으로 7월 13일에서 16일의 4일간 행하는 불교행사로 부모나 조상령을 공양하거나 죽은 사람을 회상하는 불사(佛事)를 말한다.

을 되찾고 조용히 잠들 수 있도록 음식이나 물을 올리고 독경을 행했다. 이 공덕은 아귀도에 떨어진 사람 뿐 만 아니라 '삼계만령(三界万靈)'이라 총칭되는 모든 사람의 정령에게 되돌아가게 된다.

절에서의 의식과는 달리 오본 시기가 되면 각 가정에서는 연고자가 없이 방황하는 사자들을 위로하기 위해 공양이 행해졌다. 우라본은 죽은 조상이 집에 돌아온다고 믿었던 날이며 이 날을 위해서 조상이 거주할 장소로 정령단(精靈棚)을 설치했지만, 그것과는 따로 아귀를 위한 작은 상(餓鬼棚, 아귀단)을 집집마다 차렸다. 그곳에 준비한 음식에서 유연(有緣)·무연(無緣)의 사령(死靈)이 잠시 동안 먹고 갈증을 해소하여 불교에서의 지옥인 악도(惡道)의 괴로움이 조금이라도 해소되기를 기원했다.

또한 기근이나 역병으로 인해 생명을 잃은 불특정다수의 사자를 공양하기 위해 각 지역마다 불상이나 위령비를 세우게 되었다. 후쿠시마현(福島県) 히노에마타무라(檜枝岐村)에서는 오제(尾瀬)로 통하는 누마타(沼田)의 길을 따라 여섯 기의 지장이 서 있다. 이것은 기근으로 죽은 어린아이들의 명복을 기원하기 위해 에도시대에 만들어진 것이다. 모리오카시(盛岡市) 녹차 밭에 있는 16나한(十六羅漢)과 오지여래(五智如来)의 석상은 반복적으로 밀려든 근세의 기근에 의한 희생자를 공양하기 위해서 13년의 세월에 걸쳐 막부말기에 제작되었다. 지금 일본열도

16나한(十六羅漢) 모리오카시(盛岡市)

의 곳곳에 있는 무수한 거리의 지장도 또한 그 대부분이 불우한 최후
를 맞이한 사람들을 애도하여 건립한 것이다. 이렇게 근세사회에서
는 직접적인 공양자가 죽었을 경우에도 사자를 안정적으로 돌보기
위한 중층적인 안전망이 마련되었다. 에도시대는 사자에 대한 세심
한 배려가 사회에 널리 깔려 있던 시대였다.

영지靈地에서 묘지로

중세에서 근세에 걸쳐 일본열도의 세계관의 전환은 납골영지에도
결정적인 영향을 미쳤다. 사후의 정토왕생이 첫 번째 목적이 아니게
된 지금, 영지도 또한 근세에는 이세상의 정토, 피안에의 통로로서의
의의를 상실하고 세속사회의 여러 가지 욕구충족을 목표로 하는 현
세이익의 기원이 그 중요도가 커져갔다. 집안의 안전·질병치유·사
업번창·자손번영 등 다양한 바람에 응해주기 위해 다양한 신불을
모시는 사당이 하나 둘 경내에 건립되었다. 마치 병의 종류에 따라
많은 전문병원이 세워지는 것처럼 이 세상의 기원에 응한다는 점에
서 같은 기능을 가지면서 기원내용에 따라 신불의 역할분담이 진행
되었다.

현세이익을 판매 물건으로 하는 후다쇼(札所)[12]가 번창하는 한편,
코야산의 오쿠노인 등 일부 납골영지는 그 묘지화가 진전되었다. 납

---

12) 신사나 절의 후다쇼에서는 신령이나 그러한 힘을 상징하는 그림을 나무나 종
이에 새긴 부적인 호부(護符), 신사츠(神札)을 판매한다. 이 부적을 신을 모시
는 곳이나 문, 현관, 기둥 등에 붙여 무병속재·가내안전 등을 기원한다.

골한 후 중세와 같이 유골을 방치하는 것이 아니라 그곳에 고인의 이름을 새긴 묘표를 세워 정기적으로 묘지 참배를 하였다. 코야산 오쿠노인의 참배 길 양쪽에는 에도시대 건립된 고명한 귀인의 혼백을 모신 사당인 오타마야(御霊屋)가 산재해 있는데, 그것은 모두 묘였다. 그것은 이제 피안으로 가는 통과점이 아니라 묘표나 유골은 신령이 내려앉는 매

다이코우인(大光院) 납골당

체로서 망자의 영혼이 계속 머무는 장소에 불과하였다. 최근 오쿠노인 주변에서 개발되고 있는 묘지도 계명·법명을 새긴 묘지 참배를 전제로 한 묘소에서 성립된 것이다.

에도시대가 되면 원래 경내에 묘지를 가지지 못했던 고대사원도 묘를 만들기 시작했다. 오사카의 사천왕사는 성덕태자에 의해 건립된 일본에서 가장 오래된 사원의 하나이다. 지금 사천왕사에는 경내에 묘지가 있는데 그것은 근세 이후에 세워진 것이다. 이러한 많은 고대사원이 주변 주민의 묘사(墓寺)로 그 성격이 변해갔다.

현재에도 진종(眞宗)에서는 종파를 일으킨 조사(祖師)의 묘지에 활발하게 납골이 행해지고 있다. 아이즈(会津) 와카마츠시(若松市)의 하치요우지(八葉寺)나 야마가타현(山形県) 히가시오키타마군(東置賜郡)에 있는 다이코인(大光院), 히가시타가와군 쇼나이마치(東田川郡 庄内町)의 코쇼우지(光星寺) 등에서는 오본 전후에 신불(新仏)[13]의 치아를 납골하고, 공양의식을 행하고 있다. 그러나 오늘날 정착한 이 납골

풍습은 중세와는 전혀 다른 것이다. 유골로서 납골된 고인은 다른 장소에 그 본적지라고 할 수 있는 묘지를 가지고 있다. 또한 유골의 일부를 성지에 납골한다는 형태를 취하고 있다. 이것은 분골이라고 하는 것이 적합하다. 묘가 없는 경우에도 납골된 유골에 그것이 누구의 것인지를 명시하는 표식이 붙어있다. 근세 이후에는 연고자를 만나고 싶을 때 찾아갈 수 있도록 망자는 이 세상에 정주하는 장소가 있어야 한다고 생각했다. 주소가 불명인체 현세를 헤매는 사령이 발생하지 않도록 면밀한 배려가 필요했다.

---

13) 사후 처음으로 오본의 공양을 받는 사자의 영을 신불이라 하는데 죽은 지 1년이 되지 않은 사자를 칭한다.

제5장
유령의 발생

유령의 대량발생

일본의 사상이나 문화를 생각할 때, 많은 사람들의 흥미를 끄는 주제가운데 하나는 유령이다. 일본열도에서 유령이나 괴담에 대한 문화가 폭발적인 인기를 끈 것은 에도시대였다. 유령은 대중 오락문화인 라쿠고(落語), 가부키(歌舞伎), 우키요에(浮世絵)의 좋은 소재였다. 『토카이도 사곡괴담(東海道四谷怪談)』[1]의 바위나 『사라야시키(皿屋敷)』[2]의 국화는 대부분의 사람들이 그 이름을 아는 괴담계의 슈퍼스타였다. 유령을 둘러싼 수많은 괴담은 나날이 인기가 높아져 생생한 복수의 신을 묘사한 우키요에가 대량 세간에 유포되었다. 그 계보가 현대의 '학교괴담'이나 일본 호러 영화에까지 계승되었다.

인격이 사후에도 소멸되지 않고 계속 살아남는다고 하는 인식은 인간이 가지고 있는 보편적인 견해였다. 죠몬시대에는 묘지가 형성

---

1) 겐로쿠(元禄)시대에 일어난 사건을 바탕으로 창작된 일본의 괴담으로 에도를 무대로 하고 있다.
2) 전설의 하나로 주인집의 가보인 접시를 깨어, 우물에 던져진 오키쿠(お菊)가 유령이 되어 밤마다 나타나 슬프게 접시의 수를 센다고 하는 내용이 인형극이나 카부키 등에 등장한다.

『토카이도 요츠야 카이단(東海道四谷怪談)』3대 우타가와 토요쿠니(三代歌川豊國)

되어 망자들은 사후에도 공동체를 형성하고 있다고 생각했다. 망자가 생전의 모습을 가지고 출몰하는 현상도 고대나 중세의 설화에서 많이 볼 수 있다. 『니혼료이키』에는 죽순에 눈 부분이 관통되어있는 해골을 공양한 남자 앞에 죽은 당사자가 살아있는 모습으로 나타나 그 은혜를 갚았다는 이야기가 있다. 『콘자쿠모노가타리슈』에는 먼저 죽은 남편을 생각하며 슬퍼하고 있는 부인 앞에 남편이 생전의 모습으로 출현했다는 이야기가 수록되어 있다.

그러나 중세 이전의 많은 사령들은 생전에 권력을 가지고 영화를 누린 특별한 인물들이다. 무명의 일반인이 유령이 된 이야기는 오랜 기간 전해진 예는 거의 없었다. 중세까지는 불행했던 망자가 대거 이 세상에 출현하는 현상은 보이지 않았다.

지금까지 살펴본 바와 같이 중세는 강력한 구제신의 관념이 사회에 공유되고 있었다. 그 구제력에 대한 신뢰도 깊었다. 이 세상에 남은 망자는 그 구제망에서 넘쳐나온 존재였다. 지금 소개한 『콘자쿠모노가타리슈』의 설화에서도 부인 앞에 나타난 남편은 몸에서 연기를 뿜어내고 있는 상태이다. 지옥의 뜨거운 불길의 고초에서 일시적으로 허가를 받아 방문한 것으로 묘사되어있다. 이처럼 불행한 사자라도 부처의 힘에 의지하기만 하면 한순간에 피안 세계로 비약이 가능하다고 믿었다.

그 가운데는 사후에 고료(御靈)가 된 인물도 있는데 그들은 신이며 일반인과는 근본적으로 다른 힘을 가지고 있는 존재였다. 중세에 기록된 『천신연기(天神緣起)3)』에서는 스가와라 미치자네(菅原道真)가

---

3) 스가와라 미치자네(菅原道真)의 생애와 사후의 원령설화로 키타노텐만구(北野天滿宮)의 유래와 영험을 묘사한 에마키(絵巻)로 카마쿠라시대의 작품이다.

십일면관음의 수적으로 말법시대 사람들을 정토로 인도하기 위해 이 세상에 출현했다고 설명되어있다. 중생구제를 임무로 이 세상에 수적하여 그 임무를 완수하고 사후에도 그 모습을 유지하고 있는 것이다. 이에 비해 에도시대의 특색은 일반서민의 유령이 대량 출현하게 된 것에 있다. 바꾸어 말하면 누군가가 유령이 되어 출몰할 가능성이 있는 것이 에도시대라는 것이다.

이 세상에 머무는 사자

문제는 왜 에도시대에 유령이 대량발생하고 괴담과 관련된 문화가 크게 유행했는가라는 점이다. 망자와 관련된 공포이야기는 동서고금을 불문하고 전래되어 왔다. 그러나 일본열도에서 유령의 대량발생은 근세 이후의 현상이었다. 종교가 압도적인 위치를 차지했던 고대·중세뿐 아니라 사회의 세속화가 진행된 근세 이후에도 어떻게 유령담이나 괴담이 융성했던 것일까.

앞장에서 논한 것을 되돌아보도록 하자. 에도시대에 완성된 산자와 죽은 자의 새로운 관계는 양자의 계약에서 이해 할 수 있다. 산자는 죽은 자에 대해 편안하게 오래도록 잠들 수 있는 장소를 확보하여 계속 교제해 나가는 것이다. 그 대신 죽은 자는 평소에는 조용히 묘지에 머물며 마음대로 산자들의 세계에 넘어오지 않을 것을 약속해야했다.

그 때문에 에도시대에 들어와서는 이 세상에 머물러 있는 사자들이 증가하는 추세가 되었다. 이 세상을 서로 나누어 가질 대량의 사자와 어떻게 평화롭게 공존하는가가 근세 사람들의 큰 과제가 되었다. 산자와 죽은 자가 교환한 이 계약은 사자의 영역을 묘지나 불단에 한정시켜 양자의 존재공간을 분절화 시켰다. 그러나 이는 현세에서 사자가 자유스럽게 경계를 넘어 오는 것을 방지하기 위한 시도에 불과했다. 그러나 모든 인간이 편안하게 일생을 마치고 사후에도 연고자와의 좋은 관계를 유지하는 것은 아니었다. 냉혹한 살인이나 뜻밖의 사고로 생명을 잃은 사람도 있었다. 유체가 매장되거나 공양 받지 못한 채 산속이나 황야에 버려져 방치되는 경우도 있었다.

에도시대는 에도, 오사카, 쿄토의 3도시를 중심으로 인구가 집중되기 시작된 시기였다. 여러 지역 출신자가 모여 살며 인간관계도 빈약하기 쉬운 도시는 돈을 훔치거나 도둑질을 일삼는 잔인한 범죄의 온상이 되기도 하였다. 도시의 어둠에서 발생한 범죄의 희생자가 되고, 가족도 없어 충분한 공양을 받지 못하는 사자가 많이 출현했다. 에도시대에는 또한 가문이 단절되어 공양해줄 사람이 없는 '무연불(無縁仏)'의 문제도 심각했다.

이러한 것들은 망자의 측면에서 보면 산자에 의한 일방적인 계약 불이행을 의미했다. 산자가 약속을 지키지 않는 이상 죽은 자도 약속에 얽매일 필요는 없었다. 미련을 남기고 한을 품은 사자는 무질서하게 현세의 경계선을 넘기 시작했다. 이것은 에도시대의 유령발생의 전형적인 형태였다.

근세의 사자에 대한 공양의 구조는 오본의 무연단(無縁棚)의 설치나 시아귀(施餓鬼, 세가키)의 법회 등 '무연불'을 비롯하여 불행한 사자에 대한 주도면밀한 배려가 포함되어 있다. 이러한 행사는 유령이 나와서 떠돌아다니는 것을 방지하고, 원령의 재앙을 진압하는 효력이 있다고 믿었다. 그러나 사악한 의도를 가진 살인 희생자가 되면 불특정의 영혼을 대상으로 하는 일반적인 공양으로는 특정 상대를 노리는 원령이 경계선을 넘어오는 것을 방지하는 것은 불가능했다.

에도의 유령담

에도시대에 어떤 과정을 거쳐 유령이 발생했는지 구체적인 예를 들어 검증해 보려한다.

근세에는 많은 수의 괴담, 기담을 모은 책을 출판하게 된다. 여기에서 소개하는 것은 17세기에 간행된 『쇼코쿠 햐쿠모노가타리(諸国百物語)』[4]에 수록된 아베 쇼헤이에이(安部宗兵衛)라는 사람의 처에 관한 이야기이다.

쇼헤이에이(宗兵衛)는 그의 아내를 학대하고 먹을 것도 제대로 주지 않았다. 아내가 병에 걸려도 약을 주지 않아 아내는 19세의 젊은 나이로 죽었다. 그의 처가 죽을 때 그 원한을 '언젠가는 잊겠지요. 그러나 머지않아 생각하게 될 겁니다.'라고 하며 죽었지만 쇼헤이에이는 사체를 산에 버리고 명복을 빌어 주지도 않았다. 그리고 금방 처에 대한 것을 잊어버리고 애인과 함께 새 생활을 시작했다. 그의 처가 죽은 지 7일째 되는 날 밤중에 쇼헤이에이가 애인과 자고 있을 때 유령이 된 아내가 무서운 형상으로 나타나 애인을 갈기갈기 찢어 놓았다. 그리고 '밤에 찾아와서 긴 세월의 한을 말할 겁입니다.'라는 말을 남기고 사라졌다. 쇼헤이에이는 두려움에 사로잡혀 승려를 불러 기도를 하고 다음날 밤에는 활과 소총까지 준비해 두었다. 그러나 유령을 당해낼 수는 없었다. 나타난 아내의 유령은 쇼헤이에이를 찢어 두 토막으로 내고, 그 옆에 있던 하녀를 발로차서 죽이고 천장을 부수고 하늘로 올라갔다.

---

4) 1677년에 간행된 일본의 괴담집으로 전5권, 각권 20화로 구성되어 100화의 이야기가 수록되어있다. 저자, 편자 미상이다.

쇼헤이에이의 아내가 유령이 된 이유는 불합리한 죽음과 공양을 하지 않은 것에 있었다. 죽은 사람에 대해 그 의무를 다하지 못한 남편에게 복수하고자 처는 사자의 세계를 빠져나와 산자의 일상공간에 넘어와서 무자비하게 복수를 한 것이다. 불교도 그 한을 막을 수는 없었다. 결말은 복수의 완결이고 유령이 최후에 종교적 차원의 구제를 얻는 것은 끝내 불가능했다.

아내의 유령에게 갈기갈기 찢겨진 애인
『쇼코쿠 햐쿠모노가타리(諸国百物語)』

다음의 예는 겐로쿠(元禄) 연간에 간행된 『선악응보이야기(善悪報いばなし)』에 수록된 것이다. 세스케(瀬助)라는 사람에게는 아름다운 미모를 가진 아내가 있었는데, 그곳의 대관(代官)이 세스케의 아내를 사랑하여 사소한 죄를 거론하여 세스케를 유죄로 만들고 그의 아내를 대관의 처로 삼았다. 세스케는 유배지에 가는 도중에 사망하고 말았다. 이 사망을 대관은 기뻐했지만 세스케의 아내가 대관의 집에 들어간 후부터 그 주위에 세스케의 영이 맴돌기 시작했다. 승려를 불러 신명에게 기도를 해도 전혀 개선될 기미가 보이지 않았다. 오히려 세스케의 영은 점점 심하게 날뛰며 결국에는 두 사람 모두를 찢어 죽였다.

여기에서도 유령은 그 복수를 완수하고 한을 풀기까지 출몰을 멈추지 않았다. 유령이 발생하는 원인이 생자(生者) 측의 일방적인 계약파기였기 때문에 사건이 종언되기 위해서는 원한이 있는 사람에게 반드시 복수가 필요했다.

복수하는 사자

소개하고 싶은 또 하나는 1663년에 간행된 괴담집인 『소로리모노가타리(曾呂利物語)』에 수록된 유령담이다. 오사카에 효에지로(兵衛次郎)라는 사람이 있었는데, 색욕이 강하여 하녀의 방에 드나들고 있었다. 이 사실을 알게 된 그의 아내는 하녀를 대자리에 감아 우물에 던져 처참하게 죽였다.

효에지로는 이 사실을 모른 채 나날을 보내고 있었다. 그러던 어느 날 외동아들이 병에 걸리고 말았다. 양생(養生), 기도 등 온갖 정성을 쏟았지만 쾌유되지 않았다. 야노시로 우에몬(矢野四郎右衛門)이라는 고명한 침사(鍼師)를 불러오자 그 사람 앞에 하녀의 망령이 나타나 아이의 병은 내가 한 짓이며 어떠한 치료도 소용이 없을 것이라고 말했다.

시로사에몬(四郎左衛門)은 이 말을 듣고 '당신의 후생을 정성껏 추모하겠으니 어떻게든 한을 풀어주십시오.'라고 말했지만 '이 아이를 살려두지 않겠다.'라고 일축했다. 그 복수는 자식에게서 멈추지 않고 본처의 일가가 모두 죽고 본처도 중병으로 병상에 눕기까지 멈추지 않았다. 이 패턴은 유명한 『토카이도 요츠야괴담(東海道四谷怪談)』의 바위나 『사라야시키(皿屋敷)』의 '오키쿠(菊)'의 경우도 같은 형태였다. 바위도 국화도 산자의 잔학한 처사에 의해 죽음을 맞이했다.

바위는 하인인 코다이라(小平)와 밀통한 죄를 쓰고 살해당했고, 남편의 타미야 이에몬(民谷伊右衛門)[5]에 의해 덧 문짝에 못 박혀 강물

---

[5] 카부키(歌舞伎) 「토카이도 요츠야 카이단(東海道四谷怪談)」의 주인공으로 오이와(お岩)의 남편이다.

에 던져졌다. '오키쿠'는 귀한 접시를 깼다는 이유로 잔인한 고문을 받았고 이를 참지 못해 오래된 우물에 투신자살했다. 이 여자들은 그다지 큰 잘못을 저지르지 않았음에도 불구하고 생명을 빼앗겨 그 사체는 묘지에 매장되지 못한 채 방치되었다. 또 추선공양을 해주지도 않았다.

『사라야시키(皿屋敷)』 카츠라기 호쿠사이(葛飾北斎)

끝내는 유령이 된 그녀들에 의해 무시무시한 복수가 시작되었다. 그 복수는 박해에 가담한 사람이 모두 죽을 때까지 지속되었다. 복수극은 유령의 원한이 풀릴 때까지 멈추지 않았다.

불교도 원령의 보복을 멈추게는 할 수 없었다. 유령의 최종적인 목적은 자신의 구제가 아닌 유령이 되도록 자신을 몰아 부친 상대를 같은 나락에 떨어트리는 것이었다. 드물게 남성 유령인 코하다 코헤이지(こはだ小平次)도 처와 그 애인에 의해 살해당한 인물이었다. 유령이 된 코헤이지(小平次)는 두 사람을 처참하게 죽였다. 어느 경우도 결말은 유령의 구제가 아니라 약속을 어긴 상대에게 복수하는 것이었다.

이러한 상황 속에서 지금까지와는 색다른 스토리인 카사네(累)이야기가 『시료 게다츠 모노가타리 키키가키(死霊解脱物語聞書)』에 있는데 그 내용을 보면 다음과 같다. 카사네(累)는 못생겨서 데릴사위인 요우에몬(与右衛門)이 키누가와(鬼怒川)[6]에 던져 죽였다. 유령이 되어 다시 살아난 카사네의 위력은 강렬했다. 요우에몬의 후처들은 카사네에게 빙의되어 차례차례로 살해되었다.

여기까지는 전형적인 에도시대 괴담의 흐름이다. 그러나 여기서부터는 줄거리가 변해간다. 여기에 등장하는 것이 죠조우지(増上寺)[7]의 유텐쇼우닌(祐天上人)[8]이다. 유텐쇼우닌은 과감하게 사령인 조부

---

6) 토치기현(栃木県) 서단인 카누누마(鬼怒沼)에서 수원을 시작으로 하여 현(県)의 중앙부를 관통하여 이바라기현(茨城県) 남부에서 토네가와(利根川)로 흐르는 강이다.
7) 도쿄 미나토구 시바공원(東京都 港区 芝公園)에 있는 정토종 대본산으로 산호(山号)는 산엔잔코도인(三縁山広度院)이다.
8) 유텐(祐天, 1637-1718)은 정토종 대본산 증상사(増上寺) 법주(法主)로 에도시대를 대표하는 주술사이다.

(調伏)에게 맞섰다. 필사적인 기도의 결과 카사네는 마침내 성불하게 된다. 여기에서는 원한을 가진 유령이 불법의 힘으로 성불을 이루고 있다. 이것은 언뜻 보면 중세적인 유령담의 결말과 같다. 그러나 카사네는 진정한 깨달음을 얻어 생사를 초월한 절대 진리의 세계에 도달한 것일까. 그렇지는 않다.

카사네는 결코 스스로 원해서 해탈을 목표로 불도수행에 힘쓴 것이 아니었다. 조부(調伏)라는 외부로부터의 일방적인 작용에 의해 원염(怨念)이 눌려져 멈춘 것에 불과하다. 카사네는 무질서하게 현세의 경계선을 넘나드는 악령을 버리고 일반적인 사자

『코하다 코헤이지(こはだ小平次)』
우타가와 토요쿠니(初代歌川豊國)

들과 같이 산자와 공존하는 길을 선택했다. 그녀가 도달한 경지는 생사의 윤회를 초월한 중세적 의미에서의 '부처(仏, 호토케)'가 아닌 조용히 사자의 세계에 머물러 있는 '부처'였던 것이다.

유령의 성불

유령이 된 사람이 정성어린 공양을 받아 마음의 안정을 되찾아 묘에 정착하는 경우도 있었다. 『쇼코쿠 햐쿠모노가타리(諸国百物語)』

에 수록된 이야기이다. 쿄토후(京都府)의 가메야마(龜山)에 오모리 히코고로(大森彦五郎)라는 사무라이가 있었다. 그의 아내는 아주 미인으로 히코고로는 아내를 사랑하고 있었지만 출산 때 죽고 말았다. 그 뒤 혼자 살고 있던 히코고로는 주위의 강한 권유로 3년 후에 재혼을 했다. 새로 맞이한 그의 아내는 아주 예의바른 사람으로 죽은 첫 부인에게 매일 정성껏 공양했다. 첫 부인은 '스고로쿠(双六, 주사위놀이)놀이'를 좋아하여 죽은 후 매일 밤 유령이 되어 나와 하녀와 '스고로쿠놀이'를 했다. 그러나 마침내 3년이 흘러 주위의 마음 씀씀이에 감응되어 나타나는 것을 그만두었다. 새 아내는 스고로쿠 판을 만들어 죽은 첫 부인의 묘에 바쳤다.

이 세상에 집착하여 출몰하던 유령도 연고자들이 알맞은 방법으로 돌보면 묘소에 정착하여 살면서 밖으로 나오지 않게 된다. 이런 예도 있다. 에도시대 괴담집인 『토노이구사(宿直草)』에 수록된 이야기이다. 경안(慶安, 1648-1651) 때 아내를 잃은 세츠(摂津)의 백성이 사후 7일 만에 재혼을 한 일이 있었다. 「추선공양도 제대로 끝나지 않았는데 이게 무슨 경우냐」라고 주위에서는 반대했다. 아니나 다를까 후처에게 원혼이 씌워져 광란상태가 되었다. 이를 동정한 사람이 도다이지(東大寺) 이월당(二月堂)의 부적을 빌려주자 부적이 있을 때는 유령이 나타나지 않았지만 이번에는 빌려준 사람에게 유령이 나타나 부적을 되돌려 받았다. 보다 못한 가까운 지인이 공양도 충분히 하지 못한 채 너무 빨리 후처를 얻은 것이 잘못된 것이 아닐까라고 충고를 하였다. 그 남자도 그렇다고 납득하여 진종(眞宗)의 단가사(檀家寺)에 가서 관무량수경(観無量寿経)을 읽고 간절히 염불회향(念仏回向)을 했다. 그렇게 하자 그날 밤부터 유령은 나타나지 않았고 후처도 정상으로 돌아왔다고 한다.

전처가 유령이 된 원인은 공양도 제대로 하지 않은 채 후처를 들인 것에 대한 원한이었다. 문제를 해결하기 위해서는 그 원한을 해소하는 것이 필요했다. 언뜻 보면 부처의 힘으로 유령을 성불시킨 것처럼 보이지만 가장 중요한 핵심은 남편의 개심(改心)과 정성어린 공양이었다. 죽은 아내가 받아들일 수 있는 성의만 있으면 종지(宗旨)나 독경은 아무것도 아니었던 것이다.

근세의 유령은 그 근원은 극히 보통의 서민이었다. 산자가 약속을 지키고 공양을 계속하면, 사자는 조용히 묘지에 머물러 있다고 생각했다. 그러나 산자가 계약을 파기하고 무참한 처사를 했을 때, 사자는 더 무서운 유령이 되어 산자의 세계로 넘어오는 것이었다. 유령의 출몰 원인이 학대나 참살, 계약 방기라는 세속적인 원한이 축적되었기 때문에 그러한 원한이 해결되지 않으면 유령은 계속해서 나타났다. 각각의 유령은 명확한 복수의 대상을 가지고 있었다. 그 복수가 이루어지지 않으면 어떠한 대응을 해도 결코 만족할 수 없었다. 일단 유령이 되어버리면 부처의 힘을 빌려도 쉽게 그 원한이 풀리지 않았다.

에도시대 유령의 특색

지금까지 소개한 유령담의 결말은 유령의 종교적 구제에 의해 막을 닫는 중세의 특색과는 전혀 달랐다. 12세기에 편찬된 『콘자쿠모노가타리슈』에는 죽은 모친을 방문하기 위해 산에 들어간 3명의 자식이 전생에 범한 죄 때문에 산중의 지옥에서 고통을 받고 있는 모친을 만난 이야기가 수록되어있다. 모친을 구제하기 위해서 국사(国司)

를 비롯한 여러 사람들의 협력으로 법화경 천부의 서사공양이 행해져 그 공덕으로 모친은 토리텐(忉利天)에 태어났다는 몽고(夢告)가 있었다. 자식들은 다시 입산(立山)지옥을 방문했는데 이번에는 신음하는 모친의 목소리가 들리지 않았다고 한다.

입산 지옥의 여성이 기원한 것은 누군가에 대한 복수가 아닌 부처의 힘으로 지옥에서 탈출하는 것이었다. 여기에서 탈출한 여성은 이제 현세에 머무는 일은 없었다. 그 여성은 최종 목적지인 정토왕생하는 최초의 스텝으로, 현세속의 타계라고 할 수 있는 '천계(天界)'에 환생한 것이다. 그리고 이 전개에 결정적인 역할을 한 것은 불법의 힘이었다.

중세의 유령 이야기를 하나 더 소개해 보면 다음과 같다. 카마쿠라시대에 이가노카미(伊賀守)타치바나노 나리스에(橘成季, 생몰연대 미상)에 의해 편찬된 세속 설화집인 『고금저문집(古今著聞集, 코콘쵸몬쥬)』에는 사후에도 경전을 독송하기를 멈추지 않는 승려의 이야기가 수록되어 있다. 이치에이(壹睿)라는 수행자가 키이노쿠니(紀伊国)의 시시노세산(宍背山)에서 하루 밤을 보냈을 때의 일이다. 어디에선가 『법화경』을 읽는 소리가 들려왔다. 기이하게 생각하여 아침이 되어 소리가 나는 장소를 방문해 보니 전신의 골격이 연결되어 있는 백골이 있고 해골 부분에는 붉은 혀가 남아있었다.

이치에이가 해골에게 경위를 물어보니 그 혀가 말하기를, 자신은 엔젠(円善)이라는 히에이잔(比叡山)의 승려이며 수행도중에 그 산에서 사망했다고 대답했다. 엔젠은 생전에 『법화경』 6만부를 독송하기를 염원했지만 완수하지 못하고 죽고 말았다. 그 염원을 이루기위해서 지금도 여기서 독송하고 올해 안에는 만료하여 도솔천의 내원에 전생할 예정이라고 말했다고 한다.

이야기 마지막의 평어(評語)는 망자가 경전을 암송하는 것은 『니혼료이키』에도 보이지만 그것들은 모두 집념이 강한 인물이었고, 선사(善事 신불공양)의 경우는 마음에서 우러난 전심(專心)으로 선소(善所)에 올라가는 일도 있다고 기록되어 있다. 굳은 집념으로 이 세상에 머무는 망자도 공덕을 쌓아 가면 현세를 떠나 좋은 세상에 환생할 수 있다는 것이다. 중세적인 사령의 관념이 전환되는 시기는 무로마치시대이다. 이 시기 노(能)의 세계에서는 묘에 머무는 일반인의 영혼이 등장한다. '유령'이라는 말의 보급도 이 시기였다. 칸제모토마사(観世元雅, 1394-1401)[9]의 『스미다가와(隅田川)』에서는 인신매매로 잡혀가 1년 전에 죽은 아이가 모친의 목소리를 듣고 희미하게 모습을 나타내고 있다. 선인이나 죄인을 불문하고 사람은 사후에도 이 세상에 계속 머물러 살아가는 것이다. 이러한 사생관의 전환을 거쳐 일반인 유령이 대거 출현하는 시대가 도래 한다. 근세에는 아주 평범한 보통의 서민 누구든지 유령이 될 가능성이 있다고 생각했다. 또한 그 한의 해소에 초월적인 구제자를 개입시키지 않는다는 점에 있어서 구제에서 소외되어 고통 받는 중세의 사령과는 달랐다.

근세의 유령은 이제 종교적인 구제는 원하지 않았다. 그 목적은 단지 하나, 자신을 무참하게 살해하고 방치한 사람에 대한 가차 없는 복수였다. 이 세상에서 떠안은 짐처럼 무거운 감정을 해소하는 것이었다. 이렇게 근세에는 세속사회의 인간관계를 그대로 반영한 원한에 가득 찬 대량의 유령이 탄생하게 되었다.

---

9) 무로마치시대의 노(能)작가, 사루가쿠시(猿楽師)로 통칭은 주로(十郎), 초명(初名)은 겐지(元次)라고도 한다. 법위(法諱)는 젠슌(善春), 제아미(世阿弥)의 장남으로 동생 중에 『사루가쿠단기(申楽談儀)』의 저자 겐노(元能)가 있다.

동반자살 사상

근세사회의 특징으로 생전의 인간관계의 갈등이나 원한이 그대로 사후 세계에 이어져 그것이 해소되지 않고서는 사자의 평온함도 실현될 수 없다는 인식을 가지고 있었음을 지적했다. 이렇게 파악할 경우 에도시대에는 이와 관련된 아주 흥미 깊은 또 하나의 사례가 있다. 쵸닌(町人)사회의 풍속이나 인정·연애 등을 소재로 한 세와죠루리(世話浄瑠璃)의 동반자살 이야기(心中物, 신주모노)10)에 보이는 사후세계의 관념이다.

에도시대의 가장 저명한 각본가인 치카마츠 몬자에몬(近松門左衛門)의 대표작에 「소네자키신쥬(曾根崎心中)」가 있다. 오오사카(大坂) 시지미카와 신치텐마야(蜆川新地天満屋)의 유녀 오하츠(お初)와 애인 토쿠베에(徳兵衛)의 동반자살을 그린 이 작품은 오하츠의 '오오사카 33관음 영장(大坂三十三所観音霊場)' 참배에서 시작하지만 여기에서는 다음과 같이 기술하고 있다.

극락정토인 안락세계(安楽世界)보다 지금 신불이 이 사바세계에 나타나 우리들을 구제하기 위한 관세음이여. 우러러 보면 높고 높은 지붕 위에 올라서서 백성들의 활기찬 생활을 약속하는 나니와즈(難波津)11)야. 또 여정의 끝에서의 동반자살 장면에서는 처음으로 '신이나 부처에게 도피하여 현세의 소원을 지금 여기에서 미래에 회향한 후의 세상도 여전히 하나의 극락정토(蓮)이다.'라고 말하게 하고 있다.

---

10) 동반자살이나 정사(情死)를 소재로 한 에도시대의 인형조루리(人形浄瑠璃)·가부키(歌舞伎)·가요의 장르의 하나이다.
11) 고대 오사카 만에 있었던 항만시설. 현재의 오사카시 추오구(中央区) 부근에 위치한 것으로 알려져 있다.

이러한 내용을 보면 이 작품의 기조에는 중세 이래의 정토신앙이 있다. 또 토쿠베에와 오하츠가 함께 동반자살을 하는 것도 관음보살의 인도에 의해 사후 두 사람이 함께 극락정토에 왕생하여 하나의 연화좌(蓮華座)를 나누어 가지는 것을 최종 목표로 하고 있다고 생각한다. 그러나 불교적인 개념을 군데군데 넣어 꾸미고 있으면서도 『소네자키신쥬(曾根崎心中)』의 세계관은 중세의 정토신앙과는 전혀 다른 이질적인 것이다.

무엇보다도 『소네자키신쥬』는 정토왕생에 의한 종교적인 구제에 궁극적 가치를 두지 않는다. 만약 두 사람이 진정 정토왕생을 원한다면 해야 할 절차가 요구된다. 중세라면 임종 시에는 이름이 알려진 영지(靈地)가 가장 필요했다. 자택이라 하더라도 임종 때의 모든 준비는 왕생이라는 궁극적인 목적 실현에 대해 생각해 볼 필요성이 있었다. 주위는 가능한 한 청결히 하고 향을 피워 염불 소리가 울려 퍼지는 가운데 편안하고 조용히 임종을 맞이하는 것을 이상으로 생각했다.

그것과 비교했을 때, 토쿠베에와 오하츠의 경우는 대조적이다. 두 사람이 동반자살한 장소로 선택한 소네자키(曾根崎)의 숲은 종교적인 성지와는 아무런 관계도 없는 장소였다. 칼로 목을 베어 피투성이가 된 채 마지막을 맞이한 결말도 부처에 대한 신앙과는 거리가 아주 먼 행위였다. 두 사람이 진심으로 바라던 것은 내세에서의 구제가 아니다. 두 사람은 함께하고 싶지만 이 세상에서 이루어지지 않는 바람의 실현을 죽음이라는 인간에게 있어 가장 중요한 시점을 함께 함으로 인해 사후세계에서도 계속 함께 하는 것이다.

두 사람이 동반자살 직전에 도깨비불을 목격하고, '두 사람을 데리고 올라간 사람혼(人魂)을 다른 사람 것이라고 생각하는가, 이것은 틀림없이 우리들의 혼이다(오하츠, お初). 지금에 와서 죽음을 재촉

하는 몸의 혼(身魂)은 부디 함께 살 수 있도록(토쿠베에, 德兵衛)'라고 서로 얘기를 나누었다. 그들이 원하는 내세에서의 합체는 먼 피안에서 이루어지는 것이 아니라 눈앞에 떠도는 도깨비불이 서로 함께 날듯, 현계와 명계의 차이는 있어도 이 세상 안에서 실현되어져야 하는 것이었다.

부처가 된 두 사람

지금까지 살펴본 바에 의하면 중세의 정토신앙과 『소네자키신쥬』의 양쪽 사생관에는 현저한 차이가 있다. 『소네자키신쥬』는 정토를 지향하고 있는 것처럼 보이지만 작품 중의 피안표상은 아주 희박하다. 이 작품의 마지막은 '누군가가 고하는 것은 소네자키 숲 아래에서 바람소리를 타고 전하여 귀천이 군집하는 성불의 씨앗, 미래에 틀림없이 성불하는 사랑의 모범이 된다(誰たが告ぐるとは曽根崎の森の下風音に聞こえ, 取り伝へ貴賤群集の回向の種, 未来成仏疑ひなきの恋の手本となりにけり)'라고 결말짓고 있지만 여기에서 두 사람이 실현했다고 하는 성불은 종교적인 의미에서의 깨달음이나 구제는 아니었다. 헤어지지 않고 함께하고 싶은 현세에서의 바람이 사후 세계에서 간신히 성취되었다는 것을 알려주고 있다. 원하던 것을 이루어 낸 두 사람이 도달한 곳은 중세 사람들이 목표로 한 '부처'가 아니었다. 근세 사람이 상상하는 '부처'였던 것이었다.

이러한 구제관념의 변용은 치카마츠(近松)의 다른 작품에서도 찾아 볼 수 있다. 『신쥬텐노 아미지마(心中天網島)[12]』에는 동반자살 할 때 치헤이에이(治兵衛)는 '서쪽으로 서쪽으로 가는 달을 여래라고 생각하고 빌면서 눈을 떼지 않고, 단지 서방정토를 잊지 말아라.'라고 말하고 있다. 그러나 한편 또 다른 당사자인 코하루(小春)는 '예를 들어 이 몸은 독수리에게 찢겨져도 우리 둘의 혼은 떨어지지 않을 것입니다. 지옥이라도 극락에라도 데려가 주세요.'라고 기술하고 있다. 두 사람이 문제로 생각한 것은 서방정토에 갈 수 있을까 없을까가 아니었다. 실제 두 사람이 가는 곳은 어디라도 상관이 없었다. 그 관심은 단지 하나, 이 세상에서 이루지 못한 부부로서의 인연이 동반자살이라는 행위로 내세에서 실현될 수 있을까 없을까라는 점이었다. 가는 곳이 지옥이든지 극락이든지 상관없이 두 사람이 같이 있을 수만 있다면 어디라도 좋았다.

본인은 지금까지 근세의 괴담을 예로 들어 사자의 평온함은 종교적인 구제가 아닌 이 세상에서의 원한을 최종적으로 없앨 수 있는가 없는가에 있다고 언급했다. 그곳에서는 신불이 하는 역할은 극히 한정되어 있었다. 동반자살 이야기에서도 저승으로 떠나는 두 사람이 바랐던 것은 신불(神仏)에 의한 구제가 아니라 이 세상에서 이루지 못한 세속적인 바람의 실현이었다. 두 사람은 그 성취를 사후세계에 맡기고 스스로 목숨을 끊었던 것이다.

이러한 사생관의 배경에는 근세 사람이 공유하고 있었던, 사람은 사후에도 이 세상에 머문다는 인식과 현세의 투영으로서의 사후세계의 이미지가 존재했다. 치카마츠(近松)의 거의 모든 작품의 근저에는 피안세계와 근원적인 구제자의 관념이 축소되어 있고, 현세의 생활

---

12) 치가마츠 몬자에몬(近松門左衛門) 저작인 인형 조루리(人形浄瑠璃). 1720년 12월 6일 오사카 타케혼자(大坂竹本座)에서 초연(初演) 전 3단계의 시대물(世話物). 같은 해 일어난 종이가게의 지헤이(治兵衛)와 유녀 고하루의 동반자살을 각색한 것으로 사랑과 의리가 초래한 속박을 그리고 있다.

과 세속적인 애증의 감정이 부상하는 근세 고유의 세계관이 나타나 있다.

요괴의 범람

유령이라 하면 반드시 대비적으로 등장하는 것이 '요괴(化物)'13)이다. 에도시대는 요괴가 그 존재감을 강하게 드러내던 시대였다. 에도에는 18세기에 들어서면서 글이 쓰여진 '쿠사조시(草双紙)'라 불리는 그림책이 유행하였으며, 그 중에서도 여러 종류의 요괴가 등장한다. 그 가운데서도 '키뵤시(黄表紙)'14)라는 장르에서는 사람들의 웃음을 자아내는 유모어가 풍부한 대량의 요괴들의 무리가 출현했다. 쿠사조시에 게재된 요괴담에는 예리한 사회풍자를 포함한 것이나 실제사건을 패러디한 것도 있었다. 짓뻰샤잇쿠(十返舍一九, 1765-1831)15)는 그의 저서인 『바케모노 타이헤이키(化物太平記, 요괴태평기)』에서 노부나가(信長)나 히데요시(秀吉)의 문양을 사용한 것이 막부의 분노를 촉발시켜 에도시대에 일정기간 쇠고랑을 채웠던 형벌인 테구사리(手鎖)

---

13) 둔갑하여 괴이한 모습으로 변하는 것. 요괴와 거의 동의어로 본체는 있고 그 모습을 변화시켜 출현하며, 사람들에게 괴이한 정(情)을 일으키는 것. 괴담 등의 주인공에는 여우, 너구리, 고양이 등이 여인이나 승려의 모습으로 나타나기도 한다.
14) 에도시대 중기인 1775년 이후에 유행한 그림책의 일종으로 쿠사조시(草双紙) 장르의 하나이다.
15) 에도시대 후기의 극작가, 그림 그리기를 직업으로 하는 에시(絵師)로 일본에서 처음으로 문필만으로 자립했다. 『토카이도 나카히자쿠리게(東海道 中膝栗毛)』의 작가로 알려져 있다.

형벌을 50일 처분 받았다.

유령과 요괴는 무엇이 다른가
라는 야나기타 쿠니오(柳田國男)
이래의 논의는 제쳐 두고라도
에도시대의 요괴는 같은 시기의
사자와 유령이 가지는 비슷한
몇 가지 특색이 보인다. 그 하나
는 요괴가 먼 이계(異界)나 인간
이 인지할 수 없는 심연(深淵)에
사는 것이 아니라 이 현실세계
내부 즉, 손을 뻗으면 닿을 수
있는 그런 곳에 살고 있는 것이
다. 두 번째는 요괴도 살고 있는
일정한 장소를 가지고 있다는
것이다.

『바케모노 타이헤이키(化物太平記 요괴태평기)』

짓뻰샤잇쿠(十返舍一九)의 『키노키이타 바케모노가타리(怜悧怪異
話)』는 사카다노 킨토키(坂田金時)16)에게 요괴 사냥을 당해 살 곳을
잃어버린 요괴들을 같은 무리라 할 수 있는 유령이 안내하여, 모두
그녀를 살해한 남편의 집에 들어가 동거한다고 하는 기상천외한 스
토리이다. 요괴도 인간과 같이 살 집이 필요하기도 하고, 때로는 남
의 집에 얹힌 식객의 입장에서 어려움을 격기도 했다. 집을 가지지
못한 요괴라도 다리를 지키는 여신인 하시히메(橋姬)가 희생 제물로

---

16) 사카다노 킨토키(坂田金時)의 어릴 때 이름은 킨타로(金太郎)로 옛날이야기나
   동화의 제목이다.

이노우 모노노케로쿠(稲生物怪録)

바쳐진 다리에 출현하는 것처럼 특정 장소와 깊은 관계를 맺고 있는 존재로 인식했다.

요괴는 사자와 같이 하나의 공간을 인간과 나누어 가지며 공존하고 있었다. 요괴가 스스로 자진해서 인간 세계의 경계선을 넘어오는 일은 없었다. 요괴가 그 존재감을 나타내는 것은 오로지 사람이 요괴의 영역을 침범한 경우였다. 사람의 침범이 리액션을 일으키는 점에서, 인간과 요괴의 관계는 인간과 사자·유령의 관계와 공통성을 가지고 있었다. 단지 살해를 저질러 나락 끝으로 떨어질 때까지 복수를 멈추지 않았던 유령에 비해 요괴는 사람을 놀라게 하여 즐기는 것이 고작이었다.

에도의 요괴, 특히 후기의 요괴는 애교 있고 공존 가능한 존재로 인식되었다. 요괴들은 요괴로서의 생을 보내고 있는 것에 이제는 불행을 느끼지는 않았다. 인간처럼 결혼하여 가족을 가지고 음식을 만들고 자녀를 키우며 매일의 생활을 마음껏 즐겼다.

이계(異界)와 그곳에 사는 요괴들에게 강한 흥미를 가진 인물로 국학의 계보를 잇는 에도시대 후기의 사상가로 히라타 아츠타네(平田篤胤)가 있다. 아츠타네(篤胤)는 실제로 신선의 세계에 갔다 왔다는 소년의 이야기를 정리하여, 1822년에 『센쿄이분(仙境異聞)』을 출판했다. 또한 빈고 미요시번(備後三次藩)[17]의 이노우 헤이타로우(稲生兵太郎)라는 젊은 무사 주위에서 30일에 걸쳐 괴이 현상과 요괴의 출현에 대해 기술한 『이노우 모노노케로쿠(稲生物怪録)』[18]라는 서적을

---

17) 현재 히로시마현(広島県)의 대략 반에 해당하는 땅으로 빈고국(備後国) 미요시 지방(広島県 三次市)을 영유한 히로시마번의 지번(支藩)으로 1632년 히로시마 번을 습봉(襲封)한 아사노 미츠아키라는 이복 형 아사노 나가하루(浅野長治)에게 미요시(三次)·에소(恵蘇) 양쪽 군(郡)을 중심에 5만석을 나누어 다스렸다.

저술했다.

아츠타네(篤胤)는 사후의 안심과 사자공양의 기능이 불교인에 의해 독점된 현상에 강한 위기감을 가지고 그에 대항하는 언설을 국학의 세계에 확립시키려 했던 인물이었다. 아츠타네에 의하면 모든 죽은 자가 가야 할 세계는 황천국이지만 그것은 결코 손이 닿지 않는 먼 장소가 아니라 이 세상 안에 편재해 있다. 밝은 방에서 어두운 장소가 보이지 않는 것처럼 인간세계에서 사자의 세계인 유명계(幽冥界)는 볼 수 없지만, 유명계의 사자는 이 세상을 잘 볼 수 있었다. 산자와 죽은 자는 제사를 통해 교류를 지속적으로 해나가고, 하나의 공간을 서로 공유하면서 공생해 간다는 것이 아츠타네의 사생관의 골격이었다.

이 아츠타네의 세계관은 타계가 현세에 들어오기 시작하는 근세적인 세계관을 제시하면서 동시에 그것을 이론화하는 역할을 했다. 사람들에게 구축된 아츠타네의 사생관은 그 체계성 때문에 동시대의 사람들에게 받아들여지는 결과를 가져왔다. 그 영향은 메이지유신을 초월하여 근대 일본인의 사생관에 결정적인 영향을 준 민속학자 야나기타 쿠니오에게까지 이르렀던 것이다.

---

18) 에도시대 중기인 1749년에 빈고 미요시번(備後三次藩, 현재 広島県 三次市) 번사(藩士)인 이노우 부다유(稲生武太夫)가 체험했다고 하는 요괴와 관련된 괴이한 현상을 정리한 이야기.

제6장

영혼은 산에서 사는가

죽은자가 가는 산

일본인의 사생관을 생각할 때 간과할 수 없는 것이 '산'의 역할이다. 프롤로그에서 소개했던 쇼나이(庄內)의 숲 공양이나 아사쿠마야마(朝熊山)의 탑파공양은 산이라는 요소를 빼고서는 성립 할 수 없는 것이다. 죽음의 냄새가 자욱한 묘지도 대부분 산 속에 만들어졌다. 왜 산인 것일까.

산과 죽은 자의 관계에 대해서는 오늘날 연구자는 물론 일반인에 이르는 일본인의 상식을 지배하고 있는 유력한 학설이 존재한다. '죽은 자는 산으로 간다'라는 견해가 그것이다. 일본문화론에 관한 책을 펼쳐보면 반드시라고 해도 될 정도로 빈번히 보이며 이와 비슷한 기술인 오오모토의 전거는 민속학의 시조로 꼽히는 야나기타 쿠니오의 대표 저서인 『선조 이야기』에서 야나기타는 돌아가신 조상을 친근한 존재로 받아들여 그들과 매일 교류하며 생활하는 사람들의 모습을 담아냈다. 야나기타에 의하면 일본인에게 죽은 자의 영혼이 손이 닿지 않는 천국이나 극락에 간다는 인식은 없었다. 영혼은 어디까지나 이 세상에서 예전 생활공간 근처에서 머물다 다시 인간계에 탄생할 때까지 때때로 연고자들과 접촉하며 다정한 교류를 나누는 것이다.

일본이라는 나라에서 영혼의 거처지는 산이었다. 죽음을 맞이한 사람의 혼은 생전의 삶을 영위한 고향이나 자손의 생활을 지켜볼 수 있는 산 정상에 머물며 제사 때마다 집으로 맞이하게 된다. 시모키타의 오소레잔(下北恐山)이나 엣추의 타테야마(越中立山), 쿠마노(熊野) 등도 원래 그 지역의 영혼이 깃든 산이었다. 죽은 자의 혼은 처음에는 '누군가의 영혼'이라는 구별이 있었지만 시간의 경과와 함께 조상의 영혼과 결합하여 개성을 잃고 결국에는 산신과 일체화되어 간다.

야나기타 이후 민속학이나 종교학 분야에서는 야나기타의 설을 입증할만한 다양한 구체적인 습속이나 사례가 발굴되었다. 미모리야마(三森山)의 숲 공양, 아사쿠마야마(朝熊山)의 탑파공양, 릿샤쿠지(立石寺)나 코야산(高野山)의 납골 등의 풍습이 전부 '죽은 자는 산으로 간다'라는 야나기타의 도식으로 해석된 것이다. 이러한 성과를 전제로 하고 난후 논의되는 주제는 일본 고유의 영혼관보다도 외래종교인 불교가 수용되었을 때 어떻게 받아들여졌는가라는 문제였다.

6세기에 일본에 전래된 대륙의 불교는 그때까지 일본열도에는 없었던 명확한 피안표상과 체계적인 사생관을 가지고 있었다. 그러나 이러한 사상도 한번 수용되고 난 후에는 이 세상과 단절된 타계의 관념은 금세 변모되어 지옥도 극락도 산 속에 있다는 산중타계 사상이 생겨날 것이라 생각했다. 일본의 민속학자 고라이 시게루(五來重, 1908-1993)가 말했듯이 '일본인의 지옥극락의 세계관은 십만억토라든지 십만 유순(由旬)[1]과 같은 과장된 환상의 세계가 아니라 영혼이

---

1) 산스크리트어 요자나(यojana)는 고대 인도의 길이의 단위로 고대 인도에서는 도량형이 통일되지 않아 엄밀하게 1요자나는 몇 미터라고 정의할 수 없

가는 산이며 무덤이었다.'라는 것이다.

본인도 산은 이전에도 죽은 자의 영혼이 가서 머무르는 곳으로 지금도 그렇게 인식하고 있는 측면이 있는 것을 부정할 생각은 없다. 그렇지만 산이 태고부터 현대에 이르기까지 일관되게 죽은 자가 사는 집으로 인식되어 왔던 것일까.

본인은 일본인이 가진 산의 관념에도 고정화된 도식으로는 파악할 수 없는 다양한 측면과 극적인 변화가 있었다고 생각한다. 이 장에서는 일본열도에서 산에 대한 이미지 변모를 지금까지 논해왔던 세계관이나 사생관의 관계로부터 풀어냄과 동시에 죽은 자가 산에 산다는 일본문화론의 상식이 어떤 과정을 거쳐 정착되어 왔는지에 대해 살펴보고자 한다.

산의 청정성

오늘날 민속학 등 학문분야의 세계에서는 죽은 자의 영혼이 산에 산다는 관념은 불교전래 이전부터 일본의 전통적인 것으로 알려져 왔다. 그러나 실제로 옛 문헌을 읽어보면 죽은 자가 산에 오른다는 명확한 주장을 찾기는 힘들다. 산에 대한 가장 많은 기술은 산은 신이 머무는 땅이라는 시각이었다.

고향에서 바라다볼 수 있는 단정한 형상의 산들은 예로부터 신의 땅이라 생각해왔다. 고대에 있어 산은 무엇보다도 신이 사는 땅이었

지만 일반적으로는 약11.3km에서 14.5km 전후라고 한다. 또 불교의 유순(由旬)은 힌두교의 요자나의 반이라고도 하여 구사론(俱舍論)의 기술 등에서는 보통 1유순을 약 7km라고도 해석한다.

던 것이다. 산상의 신과 산기슭의 주민과의 교류에 대한 에피소드를
남긴 나라현(奈良県) 사쿠라이시(桜井市)에 있는 산인 미와야마(三輪
山)나 히토코토누시 신(一言主神)[2]이 출몰하는 카츠라기산(葛城山)[3]
은 신의 산인 카무나비(神南備)를 대표하는 존재였다. 헤이안시대의
미야코노 요시카(都良香, 834-879)[4]의 「후지산의 기록」에는 876년
11월의 제일(祭日)에 쾌청한 하늘을 배경으로 흰 옷을 걸친 미녀 두
사람이 후지산 정상에서 춤추는 모습을 목격했다고 기록되어 있다.

　집락이나 제사 장소도 카무나비 산의 경관이 시야에 들어오게 설
정되었다. 오늘날 미와야마 자체를 신체로 여기고 신전을 갖지 않는
오미와(大神)신사도 5세기로 거슬러 올라가 초기 제사에 대한 유적을
발굴해보면 산 정상을 바라볼 수 있는 산기슭에 다수의 제사유적이
산재해 있다. 예전의 미와야마 신앙은 현재처럼 산 그 자체를 신으로
바라보며 절하는 형식이 아니었다. 제사 때마다 제사 장소에 산에 살
고 있는 신을 불러들여 교류하는 형태로 행해졌다.

　신이 산에 있는 가장 큰 이유는 그 곳이 청정한 지역이라는 점이
었다. 『히타치국 풍토기(常陸國風土記)』(나메카타군, 行方郡)에 의하
면 신이 카비례(賀毘礼)의 고봉에 모셔지게 된 경위는 재앙을 계속
내리는 신에 의해 난처해진 사람들이 '이런 곳에 계시면 서민들의 집

---

2) 다이와(大和)의 카츠라기산(葛城山)의 신. 악한 일도 선한 일도 한마디 말로 단
언하는 탁선신(託宣神)으로 알려져 있다. 나라현 고세시(御所市)에 있는 히토코
토누시 신사(一言主神社)에 모셔져 있으며 카츠라기신(葛城神)이라고도 한다.
3) 야마토 카츠라기산(大和葛城山)은 나라현 고세시(奈良県 御所市)와 오사카후 치
하야아카사카무라(大阪府 千早赤阪村)와의 경계에 위치하는 산으로 간단하게
카츠라기산(葛城山)이라고 부르기도 한다.
4) 헤이안(平安)시대 전기의 귀족 문인으로 성은 스쿠네(宿禰)이다. 미야코노 사다
츠구(都貞継)의 자식으로 관위는 종5위하(従五位下)・문장박사이다.

미와야마(三輪山)와 하시하카(箸墓)5)

이 가까워 늘 더러운 것을 접하게 되는 사태가 일어날 수 있습니다. (중략) 이곳을 피하셔서 높은 산의 깨끗한 장소에 진좌하여 주십시오.'라는 요청에 의한 것이었다. 『연희식(延喜式)』에 수록된 「재앙신천각 타타루카미오무쯔시야류(崇神遷却)」6)의 축사도 궁중에 있는 재앙을 내리는 신을 전망 좋은 '산천의 청정지'에 옮겨 그 저주를 진정시키는 것을 목적으로 하고 있다. 신은 죽음, 피, 배설물과 같은 인간의 세속 생활에 따른 더러움으로부터 철저히 멀리 떼어 놓을 필요가 있었다.

산이 신이 사는 청정한 땅으로 간주되었기 때문에 그곳은 벌써부터 초인적인 힘을 얻으려는 수행자들의 수행 장소가 되었다. 『니혼료이키(日本靈異記)』에 묘사된 엔노교자(役行者)처럼 공중을 자유자

---

5) 전방후원분(前方後円墳) 형태의 고대 왕릉이다.
6) 신도 축사(祝詞)의 하나이며, 연희식 축사(延喜式祝詞)에도 포함되어 있다. 재앙신을 옮겨 없앤다는 의미를 담고 있다.

재로 날아다니며 귀신을 사역하는 수행자의 모습이 사람들 사이에서 공유되었다. 그 때 수행자의 힘의 원천이 심신의 청정성이라고 여겨진 것은 중요하다. 사람은 성지인 산에 들어가 속세와 먼 생활을 함으로 인해 심신을 정화시킬 수 있고, 심신의 정화에 의해 신에 버금가는 막강한 위력을 가질 수 있다고 믿었던 것이다.

정화되는 영혼

고대 신앙에서는 청정성이 무엇보다 중요한 핵심 요소였다. 그것은 살아 있는 사람뿐만 아니라 죽은 자에게도 마찬가지였다. 고대에는 인간의 영혼은 간단히 육체를 떠나는 성질을 가지고 있다고 생각했다. 죽음은 육체를 떠난 영혼이 다시 육체에 귀환하지 못하는 상태를 의미했다. 영혼이 떠난 사자의 육체나 뼈는 그저 빈 껍질에 불과하며 사람들의 관심은 영혼 본연의 모습에 집중했다. 사후 얼마 안 된 영혼은 아직 사람에게 위해를 가할 수도 있는 매우 난폭한 위력을 가지고 있다고 생각하여 그것을 누그러뜨리고 무해화 하는 의식 즉 시체를 매장하기 전에 관에 넣어 잠시 빈소에 안치하거나 그때 행하는 의식인 모가리(殯)와 같은 행위가 고대 장례의식의 가장 중요한 과제였다. 그리고 그것은 영혼의 정화를 통해 비로소 이루어진다고 생각했다. 청정성의 실현에 의해 신의 재앙이 진정되는 것과 거의 같은 과정을 사령의 진혼에서도 볼 수 있다.

다양한 의식을 통해서 정화된 영혼은 사자의 세계로 향했다. 호리이치로(窟一良)는 『만요슈(万葉集)』의 상여소리인 만가(輓歌)를 분석하면서 거기에는 '영혼이 높은 곳에 간다는 착상이 두드러진다.'라고 언급하며, 특히 장송과 관련해서 가장 많이 읊어지고 있는 것이 산이라는 점에서 고대인에게 있어 산이야 말로 영혼이 사는 땅이었다고 한다. 서두에서 소개한 야나기타(柳田)설을 이어받은 주장이다.

그러나 본인은 이러한 이해에 의문이 든다. 『코지키(古事記)』·『니혼쇼키(日本書紀)』에 나오는 황천은 이세상과 저세상을 연결하는 길인 요모츠히라사카(黄泉比良坂)를 빠져나간 장소에 있다. 『이즈모국풍토기』의 이즈모군(出雲郡)에는 우카(宇賀)마을의 해안에 있다고 하는 「황천고개」·「황천동굴」에 얽힌 이야기가 있다. 센다이시 아오바구(仙台市 青葉区)에는 구릉 아래 다이넨지(大年寺) 산의 횡혈군(横穴群)을 비롯하여 많은 동굴식 묘지가 남아있으며 여기에는 6세기부터 8세기에 걸쳐 1000체가 넘는 유체가 매장된 것으로 추정된다. 고대에 사자의 나라는 동굴·해안·땅 끝의 섬 등 다양한 장소에 있었다. 확실히 산과 장송을 관련짓는 기술은 많지만 실제 죽은 사람이 묻히는 곳은 산 정상이 아니었다. 산 정상보다는 산기슭이나 골짜기였다. 그러면 죽은 사람이 산 높은 곳에 오르는 일은 없었을까. 실제로 산상에 사는 유령도 있었다.

사자의 영혼 중에서도 완전히 정화되어 특별히 위력이 있다고 생각되는 영은 신의 대우를 받았다. 필자가 본 바로는 일본열도에서 의도적으로 신으로 추대된 최초의 사령은 천황의 영혼인 '천황령'이었다. 『죠쿠니혼기(續日本記)』[7]에는 대불(大仏)이나 일본의 전통적인 신과 대등한 위치로 '천황령'이 등장한다. 역대 천황의 영혼은 불

---

7) 헤이안시대 초기 편찬된 칙찬사서(勅撰史書). 『니혼쇼키(日本書紀)』에 이어 『릿코쿠시(六国史)』의 제2에 해당한다. 스가노 마미치(菅野真道, 741-814) 등이 797년에 완성했다.

고하레츠잔(御破裂山) 정상에서 본 야마토산잔(大和三山)과 니조잔(二上山)

상이나 신과 동등한 성격과 위력을 가지는 초월적 존재로 여겼다.

신으로 상승한 영혼이 최종적으로 머무는 곳은 산 정상이었다. 7
세기 말에는 율령국가의 정책에 의해 고분시대에 조영된 전방후원분
이 실제 묻혀 있는 사자와는 무관한 역대 천황의 무덤으로 변화되어
갔다. 한번 천황릉으로 인정된 고분에는 황실의 능지기와 같은 공적
인 수위가 놓여져 정기적인 국가제사의 대상이 되었다. 이런 시스템
은 모시고 있는 천황령이 고분에 상주하고 있음을 사람들에게 인식
시키는 역할을 했다. 또한 법(令) 조문에 천황릉의 명칭을 「야마노
미사사기(山陵)」로 칭하고, 그 조영 담당관사인 산작사(山作司)의 역
할을 명확히 했다.

이러한 것들은 신이 산에 산다는 당시의 사회통념을 배경으로 신
으로서의 천황령의 거주지인 산을 인위적으로 만들어 내려는 장치로

해석 할 수 있다. 고분에 모셔진 천황령은 큰 소리를 내면서 진동하는 명동(鳴動)을 반복하면서 불결함의 배제를 바라며 앙화(殃禍)을 일으켰지만 그것은 동시대의 신이 갖는 특징적인 기능이었다.

특정 조령 신으로의 상승은 점차 천황가라는 틀을 넘어 유력 귀족에게까지 그 범위가 넓혀졌다. 도노미네 고하레츠(多武奉御破裂)산8) 정상에 지어진 후지와라 카마타리(藤原鎌足)의 무덤은 산릉과 마찬가지로 자주 명동하여 후지와라씨와 사회 전체에 엄습하는 위기를 경고하는 역할을 하였다. 고대에서 산은 이 세상에서 가장 청정한 장소이며 특히 그 정상은 신만이 사는 곳이었다. 그 곳은 모든 사자가 가는 곳이 아니었다. 신에 필적하는 청정성을 지닌 특별한 영혼만이 머물도록 허용된 곳으로 생각했다.

피안세계의 분리와 확대

제4장에서 말했듯이 일본열도에는 헤이안시대 후기를 기점으로 사상이나 세계관의 큰 변동이 있었다. 이 세상과 동떨어진 먼 타계 관념이 팽창하여 사후에 왕생해야 할 정토로 정착해 가면서 고대의 이승 일원적 세계관에서 이승과 저승이라는 이중구조를 가진 이원적인 중세적 세계관이 형성되기 시작했다.

---

8) 나라현 사쿠라이시 토우네미네(奈良県 桜井市 多武峰)의 탄잔신사(談山神社) 뒤에 있는 표고 618m의 산이다. 고하레츠잔(御破裂山) 정상에는 후지와라 카마타리(藤原鎌足)의 묘소가 세워져 있고, 전해지는 말에 의하면 나라에 불상사가 있을 때 이 산이 울리고 진동한다고 한다. 고하레츠잔(御破裂山)에 가는 길목에 있는 탄잔신사에는 후지와라 카마타리를 모시고 있다.

고대에는 현실세계의 인간사회에서 고저의 차이는 있어도 수평방향으로 등거리에 병존했던 극락·하늘·지옥·황천이라고 하는 타계는 중세시대에는 해체되어 새로이 이승과 저승이라는 입체적이고 수직적인 세계관 내부에 중층적으로 그 위치가 새로 정해졌다. 사자의 평온은 정화된 영혼이 되어 이 세상의 높은 곳에 머무르는 것이 아니라 우주의 정점에 위치하는 다른 차원의 세계로 떠나가는 것이었다.

이러한 세계관의 전환으로 성덕태자·코호다이시(弘法大師) 등의 성인은 정토에 있는 부처의 화현 = 수적으로서 사람을 정토로 이끄는 존재라고 생각하게 되었다. 수적의 소재지는 이 세상의 정토이자 아득히 먼 타계의 정토로 가는 출구였다.

여기에서 피안으로 가는 통로라고 생각했던 성지가 거의 대부분 절이라는 점을 주목할 필요성이 있다. 또한 수적이 진좌하고 있는 오쿠노인은 코야산(高野山) 나무로우지(室生寺)·다이고지(醍醐寺)에서 전형적으로 보이는 것처럼 보통 사원 내부에서 가장 높은 곳에 마련되었다. 높은 곳을 중시하는 이러한 가람 배치는 산 정상이야말로 이 세상에서 가장 청정한 땅이라는 고대 이래의 관념을 배경으로 한 것이다.

헤이안시대 후반부터 다수 제작된 임종 때 부처나 보살이 극락정토로 맞아들이러 오는 그림인 내영도(来迎図)에는 왕생하는 사자를 맞이하기 위해 출현하는 부처의 화신(化仏)의 배경에는 거의 대부분 완만한 산들이 그려져 있다. 치온인(知恩院)[9]의 「아미타 25보살내영

---

9) 쿄토의 화정산(華頂山)에 있는 정토종 총본산의 사원. 상세한 이름은 화정산 지은교원대곡사(華頂山知恩教院大谷寺) 본존은 호넨 상인상(法然上人像)과 아미타여래, 개기(開基)는 호넨(法然)이다.

『아미타25보살내영도(阿弥陀二十五菩薩来迎図)』치온인(知恩院)

도(阿弥陀二十五菩薩来迎図)」에는 깊은 산중 암자에 정좌하고 있는 염불수행자를 향하여 산 정상에서 맞이하러 내려오는 부처의 화신이 그려져 있다. 험한 산 표면에는 폭포가 흐르고 벚꽃이 피어 깊은 산속의 청정한 분위기가 느껴진다.

교토의 젠린지(禅林寺) 「야마고시 아미타도(山越阿弥陀図)10)」에는 부처는 수목이 무성한 능선 저편에서 그 모습을 드러내고 있다. 키타

---

10) 임종하려는 신자 앞에 아미타불과 보살들이 극락에서 맞이하러 온 장면을 그리고 있다. 이 작품은 지금 막 산을 넘어오려고 하는 모양을 나타내어 야마고시아미타도(山越阿弥陀図)라 불리고 있다. 야마고시아미타도 종류의 내영도는 거의 카마쿠라시대에 들어와서 제작된 것이다.

『야마고시 아미타도(山越阿弥陀図)』
젠린지(禅林寺)

자와 나츠키(北澤菜月)는 이 그림에 등장하는 피안의 아미타불이 이승에 그 모습을 나타낸 것 즉 '수적(垂迹)'한 모습을 그린 것으로 해석하고 있다. 쿄토 단노 호린지(檀王 法林寺)에 있는 「쿠마노곤겐 영향도(熊野権現影向図)[11]」에는 이것과 비슷한 구도가 보이지만 그곳에는 쿠마노곤겐[12]이 아미타불의 모습으로 산중에 그 모습을 나타내고 있다. 이 그림 위쪽에는 쿠마노에 참배하는 사람들 앞에 쿠마노의 신이 나타나 극락으로 인도하는 내용의 카마쿠라 말기의 화찬(画讃)이 있다.

이상의 피안세계로의 출발은 현세에서 가장 아름다운 장소에서 이뤄질 필요가 있었다. 심신의 정화를 위해 고대인들이 산중 깊숙이 들어갔듯이, 중세인도 속세와 떨어진 신성한 지역인 산속에서 차토와 피안과의 접점을 찾았던 것이다.

---

11) 금색의 둥근 원을 배경으로 아미타여래가 솟아오르는 구름 속에서 그 모습을 나타내고 있다. 오른쪽 아래에는 토리이(鳥居)가 서있고 그 가까이에 4명의 남녀가 아미타를 우러러 보고 있다. 언뜻 보면 정형적인 아미타내영도처럼 보이지만 이 그림은 쿠마노곤겐(熊野権現)이 나타나는 장면을 묘사한 것이다. 쿠마노곤겐을 아미타여래상으로 나타낸 것은 본지수적설(本地垂迹説)에서 유래된 것이다.
12) 신의 칭호의 하나. 부처나 보살이 중생을 구하기 위해 일본에 신으로서 나타난 것이라는 본지수적사상에 기인한다.

호네데라 마을骨寺村의 세계관

이치노세키 겐비쵸(一関市 嚴美町) 혼데라(本寺)지역은 후지와라(藤原) 3대의 시대에는 「호네데라(骨寺)」로 불렸던 추손지(中尊寺) 경장(経蔵)별당13)의 소재지였다. 추손지에는 지금 중세의 호네데라 경관을 그린 두 장의 장원회도(莊園絵図)가 중요문화재로 남아있다. 양쪽 그림 모두 위쪽에 큰 존재감을 가지고 그려져 있는 것은 장원 북쪽을 경계 짓는 산노잔(山王山)이다. 날카롭게 솟은 특징이 있는 산 중턱에는 '산왕석옥(山王石屋)'이라는 이름이 새겨져 있고, 산기슭에는 초석만 남은 '골사당의 흔적(骨寺堂跡)'이 있다. '산왕석옥'인 산왕굴(山王窟)은 현재도 날카로운 바위가 우뚝 솟은 산위에 릿샤쿠지(立石寺)의 지카쿠 대사(慈覚大師) 입적굴(入寂窟)과 비슷한 모습을 하고 있다.

나는 지카쿠 대사가 잠들어 있다고 하는 릿샤쿠지의 입적굴을 중세 영지인 사원의 오쿠노인에 해당하는 시설이라고 생각하고 있다. 그것은 승려 쿠카이(空海)를 모시는 코야산의 오쿠노인과 같이 사람을 피안에 보내는 기능을 갖춘 곳이며, 릿샤쿠지가 재건축되는 12세기경에 만들어졌다고 추정한다. 속단은 피해야하지만 호네데라 마을의 재개발과 더불어 마을에 납골신앙과 백산(白山)신앙을 가져온 천태종의 승려가 호네데라라고 불리는 절을 건립하고 그 오쿠노인으로서 산왕굴을 지었을 가능성이 높다.

호네데라의 산왕굴은 오늘날 전승에 따르면 지카쿠 대사가 산왕신을 모시는 장소였다고 한다. 그러나 지리적인 위치관계에서 보면 산

---

13) 경장(經藏)은 율장(律藏)·논장(論藏)과 함께 삼장(三藏) 중 하나의 불경이다. 경장별당은 이러한 불경이나 대장경을 보관하는 장소이다.

왕굴은 마을이나 절, 씨족 등을 진호하는 신인 진수(鎭守)가 있어야 할 장소라기보다는 호네데라의 오쿠노인이 더 잘 어울린다. 지카쿠(慈覺)가 개산(開山)했다고 전해지며, 동시기에 재개발된 코쿠세키지(黑石寺)나 릿샤쿠지의 오쿠노인에 진좌하고 있던 것은 지카쿠 대사 그 자체였다. 산왕굴의 경우도 본래 그 전승은 지카쿠 대사에 의해 산왕신이 권청(勸請)되어 모셔져 있었던 것이 아니라, 그 바위굴에 사람들을 정토로 인도하는 사명을 가진 수적한 지카쿠 대사 그 자체가 모셔져 있었던 것이 아니었을까 생각한다.

북동쪽의 고지대에 있는 자혜총(慈惠塚)에서 서쪽으로 마을을 내려다보면 일면에 펼쳐지는 논 풍경 앞에 그림에서는 육소궁(六所宮)[14]

호네데라 마을 장원유적(骨寺村莊園遺跡) 뒤에 보이는 산이 쿠리코마야마(栗駒山)

---

14) 오쿠니타마 신사(大國魂神社)는 무사시노쿠니(武蔵国)의 총사(総社)이고 토쿄토 후츄시(東京都 府中市)에 소재하는 신사로 무사시노쿠니의 일궁(一宮)에서 육궁(六宮)까지를 합하여 모시고 있어 「로쿠쇼구(六所宮)」라고도 부른다.

이라 불리는 코마가타네(駒形根) 신사가 있는 낮은 언덕이 있다. 호네데라의 정확한 소재지는 아직 확인되지 않았지만 그림과 실제 지형을 대조해 본 결과 코마가타네 신사의 왼쪽에 위치해 있었던 것으로 파악되고 있다. 그림 위쪽에 '구형(駒形)'이라 기록된 쿠리코마야마(栗駒山)[15]의 능선이 하늘과 경계를 이루고, 그 앞에는 산왕굴의 산이 인상적인 모습을 하고 서 있다. 마치 밀려오는 파도처럼 주봉(主峰)의 쿠리코마야마에서 솟아나온 구릉이 여러 겹으로 겹치면서 본사(本寺)로 이어져 있다. 마을을 둘러싼 이러한 지형의 특색이 그림에는 정확하게 표현되어 있다.

12세기경 이 지역에 절이 세워졌을 때 그 이름에서 당시 최신의 신앙형태였던 납골을 행할 수 있는 사원으로 생각했을 가능성이 높다. 이미 말한바와 같이 납골의 목적은 고인의 혼을 피안으로 보내는 데 있었다. 올바른 신앙의 길을 관철한 인간에게는 임종할 때 신이 피안세계로 인도하기 위해 맞이하러 온다고 믿고 있었다. 정토에서의 화불(化佛)은 자주 청정한 산을 경유하여 이 세상에 모습을 드러냈다.

호네데라에 묻힌 사자의 영혼은 쿠리코마야마의 능선을 넘어 맞이하러온 부처에 안겨 유골을 떠나면서 서서히 속도를 높여 중천(中天) 길에 올라 서쪽의 산왕굴에서 율구(栗駒)에 다다르게 된다. 그리고 그 산 정상을 발판으로 하여 극락정토를 향해 날아가는 것이다.

---

15) 산체(山体)가 미야기·아키타·이와테현의 3현에 걸쳐 있는 산으로 일본의 200명산의 하나이다.

산에 없는 사자死者

산이야 말로 이 세상에서 가장 청정한 지역이라 생각하면서도 고대와 중세에는 산에 대한 자리 메김을 둘러싸고 결정적인 차이가 있었다. 고대에는 인간이 사는 이 현세 이외에 신불이 사는 타계 관념이 발달하지 못했다. 신도 사람도 사자도 현실세계에 같이 살며 하나의 공간을 공유하고 있었다. 현세에서 가장 청정한 곳은 산이었다. 그 때문에 산은 신이 사는 장소라고 생각했다. 그곳은 협의의 신뿐만이 아니라, 천황령 등의 광의의 카미(神)[16]인 초월적 존재가 머무는 곳이었다.

중세에도 산은 변함없이 이 세상에서 가장 청정한 땅으로 여겼다. 그 때문에 영험한 신성지역은 자주 산속에 설정되었다. 그러나 현세 그 자체를 궁극적 정토인 타계에 다다르기 위해 거쳐야할 하나의 단계로 보았던 중세의 산은 이제 인간이 도달해야할 최종 목적지가 아니라, 그곳에 다다르는 중계 지점에 불과했다. 오쿠노인에 진좌하는 성인도 최상의 구제자가 아닌 피안의 부처와 인간을 이어주는 존재에 불과한 것이었다. 내영도(来迎図)에서 보여주는 심산에서 미타가 맞이하러 오는 구도는 이러한 중세인의 산에 대한 관념을 단적으로 보여주는 것이었다. 지금도 산이야말로 이 세상에서 가장 맑고 깨끗한 곳이라고 말하고 있지만 고대와 중세에는 산의 위상을 둘러싼 결정적인 차이가 존재했다.

---

16) 여기에서 말하는 카미는 일반적으로 종교에서 말하는 신(기독교 하나님, 불교의 부처 등)이 아니라 삼라만상에 존재하는 모든 신, 즉 산에는 산신이 있고 나무와 돌에도 있는 신, 특히 사람도 죽으면 정화되어 신이 된다는 히토가미(人神)를 의미한다.

고대에는 인간이 사는 이 현세 이외에 신과 부처가 깃들어있는 타계의 관념이 발달되지 않았다. 신이나 사람 그리고 죽은 자도 현실세계에 함께 살아가며 같은 공간을 공유한다고 생각했다. 현세 속에서 가장 깨끗하고 맑은 곳이 산이었다. 그 때문에 산은 신이 깃들어있는 장소라고 생각했다. 그곳은 좁은 의미의 신뿐만 아니라 천황의 영혼 등 넓은 의미의 신 즉 초월적 존재가 머무는 곳이었다. 중세에서도 산은 여전히 이 세상에서 가장 깨끗하고 맑은 토지로 여겨졌다. 그 때문에 종종 산 속이 영험한 곳(靈地)으로 여겨졌다. 그러나 현세 그 자체가 궁극의 '정토'인 타계에 도달하기 위한 한 단계에 지나지 않았던 중세에는 산은 인간이 도달해야 할 최종 목적지가 아닌 정토에 가기위한 중계지점에 불과했다. 오쿠노인에 진좌하는 성인도 최상의 구제자가 아닌 피안의 부처와 인간을 중개해 주는 수적(垂迹)에 불과했다. 내영도(来迎図)에 보이는 깊은 산 속에서 미타(弥陀)가 맞이하러오는(来迎) 구도는 그런 중세인의 산에 대한 관념을 단적으로 보여주는 예라 할 수 있다.

고대의 경우 산은 정화된 사자가 카미(神)로서 머무는 가장 이상적인 땅이었다. 그에 비해 중세에는 산에 머무는 사자는 아직 구제를 받지 못한 영혼들이었다. 히에이잔(比叡山)『히에산노리쇼우키(日吉山王利生記)』, 도다이지(東大寺)『콘자쿠모노가타리슈』권19, 코후쿠지(興福寺)『카스가곤겐겐키(春日権現験記)』,[17] 우사(宇佐)『하치만우사구 어탁선집(八幡宇佐宮御託宣集)』[18] 등에서는 깨달음을 얻기 위해

17) 후지와라씨(藤原氏)의 씨족 신인 카스가신(春日神), 즉 카스가곤겐(春日権現의 영험을 그린 카마쿠라시대의 에마키모노(絵巻物). 카스가곤겐겐키 에마키(春日権現験記絵巻) 등으로 불리기도 한다.
18) 1313년 우사(宇佐) 미륵사(弥勒寺)의 학두승(学頭僧)인 신우(神祐)가 편찬한 우

절이나 신사와 연을 맺으며 노력하였으나, 여러 가지 이유로 인해 깨달음을 얻지 못한 사자가 가까운 산속에서 힘든 시련을 견디며 최종적인 구제를 기다리고 있다는 전설이 전해지고 있다. 산은 최종적인 구제의 전 단계의 땅 즉 죽은 사람의 영혼이 천국에 들어가기 전에 남은 죄를 씻기 위하여 불로써 단련 받는 곳이라는 천국과 지옥의 사이인 연옥이 된 것이다.

이렇게 헤이안시대 후기를 경계로 일본 열도에는 산에 대한 이미지가 크게 전환되었다. 산이 극히 제한된 초인적 수행자의 필드였던 고대와는 달리, 중세에는 구제를 바라는 사람들이 신령과 부처와의 해후를 목표로 대거로 코야산이나 쿠마노 등 영지로 향하게 되었다.

나는 중세에는 정토에 왕생한 인간은 이미 산에 없다고 생각했다고 언급했다. 이러한 지적에 대해 상식적인 이해를 바탕으로 중세에도 특정 산이나 영지를 이 세상의 정토로 하는 사상(此土浄土, 社壇浄土)이 종종 문헌에 보인다고 반론하는 사람이 있을지도 모른다. 12세기경부터 사원이나 신사의 유서(由緒)와 영험을 말하는 사사연기(寺社縁起), 수적이 나타나는 장소를 성스러운 곳이라 주장하는 수적만다라, 궁만다라(宮曼茶羅)가 다수 제작되었다. 그곳에는 확실히 특정 영지를 정토라고 강조하고 있다. 그러나 성지가 사자가 영원히 머무는 땅이라고 확정지을 수 있는 것은 아무 것도 없었다.

사 신궁의 연기서(縁起書) 16권. 겐페이 갓센(源平合戦)에 의해 본연기(本縁起)를 분실하여, 1290(正応3)년부터 사료를 수집하여, 탁선에 의해 하치만구(八幡宮)의 기원, 제신 등의 연기가 기록되어 있으며, 삼한정벌(三韓征伐), 도경문제(道鏡問題)뿐 아니라 불교적인 지방민간전설에서, 우사 중심의 큐슈지방의 신들에 대해서도 기록하고 있다. 하치만신앙(八幡信仰)의 연구뿐만 아니라 신도사 연구의 주요 서적이다.

젠코지(善光寺)

　『젠코지 연기(善光寺縁起)』는 '극락은 절대로 멀리 있는 것이 아니다. 즉 신슈(信州)의 젠코지(善光寺)야말로 그런 곳이다.'라고 기록한 후「생신여래(生身如来)」가 있는 이 '영험한 땅'을 밟으면 즉시 극락왕생이 성취된다고 주장하고 있다. 또한 와카야마현 기노카와시 코카와에(和歌山県 紀川市 粉河) 있는 천태종계의 사원 연기인『코카와데라연기(粉河寺 縁起)』에서는 '임종정념(臨終正念), 왕생극락을 바란다면 코카와(粉河)의 생신관음(生身観音)에 부탁드려야만 한다.'라는 말이 보인다. 쿠마노곤겐(熊野権現)도 또한 일본정토(日域浄土)에 있기 때문에 한 번 참배한 자는 '왕생'이 확정된다고 한다(『케이란슈요슈(渓嵐拾葉集)』).19)

---

19) 불교서적으로 광종(光宗 1276-1350) 저작 300권 중에 113권 현존. 1311년-1347

여기서는 젠코지(善光寺)나 코카와데라(粉河寺), 쿠마노(態野)가 이 세상의 정토라는 것이 강조되고 있는데 그곳에 참배하면 구원을 받을 수 있는 것이 아니라 최종적인 목표는 다른 세계에 있는 정토에의 왕생이었다. 중세에서는 이 세상의 정토라고 하는 성스러운 지역에서 생자가 왕생자와 만났다는 이야기는 전무했다. 산중에 '정토'·'지옥'이란 명칭이 붙는 것도 자주 있는 일이지만 예를 들면 타테야마(立山)[20]의 지옥에서 죽은 자와 만났다는 설화는 있어도 산 속의 정토에서 왕생자를 보았다는 이야기는 없다. 구원을 받은 인간은 더 이상 이 세상에는 존재하지 않는다는 인식이 대부분의 중세인이 공유하는 감각이었다. 그 때문에 중세인들은 한 번 영험한 땅(靈地)에 바쳤던 유골이나 장례의식이 끝난 시체에 대해서는 더 이상 집착하지 않았던 것이다.

구제장소로서의 산

일본은 산(山)의 나라이다. 어디를 가더라도 산이 보이지 않는 곳은 없다.

년에 걸쳐 집필. 천태종의 전승과 정치·경제·문화 등 다방면의 지식을 기록한 카마쿠라시대 말기의 불교서적. 귀족사회를 배경으로 번영한 현밀(顯密)의 대사원(大寺院)에서 활발히 개최된 불사와 법회 자료와 교리 연수를 위해 만들어진 필록(筆錄)과 문서(聞書)도 많이 있는 중세 불교교학집성의 대표 서적의 하나이다.

20) 일본 히다(飛驒, 북 알프스)산맥 북부, 타테야마의 주 봉우리로 중부 산악 국립공원을 대표하는 산의 하나이다.

야마토는 나라 중에서 가장 좋은 곳이다. 겹겹으로 겹쳐진 푸른 울타리 같은 산, 그 속에 숨어있는 야마토는 아름답다. 『코지키(古事記)』

원정길에 지쳐 병에 걸려 쓰러진 야마토 타케루노 미코토(日本武尊)21)는 고향인 야마토(大和)를 생각하며 이렇게 노래하였다. 사방이 녹음으로 우거진 산에 둘러싸여 그 품에 안긴 듯한 나라 분지 동남부의 작은 정원과 같은 풍경은 오늘 날에도 일본인이 돌아가야만 하는 고향의 원초적인 풍경을 이루고 있다.

예로부터 산을 사랑한 무수한 일본인들 중 특히 유명한 인물로 사이교(西行, 1118-1190)22)가 있다. 사이교가 죽은 후에 만들어진 『사이교 모노가타리(西行物語)』는 그가 죽음을 맞이하는 1190(文治6)년 2월 15일의 아침, '할 수 있다면 봄 벚꽃 아래에서 죽고 싶구나. 저 석가가 입멸한 2월 보름(25일, 3월 말) 무렵에'라는 노래를 읊었다고 한다. 그 후 서쪽을 향하여, 여러 부처의 내영(来迎)을 말하는 법화경의 한 구절을 외운 후에 '내가 죽으면 부처가 된 나에게 벚꽃을 올려주길 바란다. 만약 나의 죽음을 애도하는 자가 있다면'라고 읊고 있다. 여러 가지 상서(祥瑞) 중에는 불교에 귀의하여 현세를 떠나 극락정토에 환생하고 싶다는 평소의 바람인 '왕생소회(往生素懷)'를 이룰 때까지의 상황이 묘사되어 있다.

여기에는 일관적으로 극락왕생을 바라는 사이교(西行)의 모습이

---

21) 일본 고대사에 있어서 전승 상의 영웅이며 고대 일본의 황족. 『코지키』에서는 야마토타케루(倭建命), 『니혼쇼키』에서는 야마토타게루노 미코토(日本武尊)로 표기하고 있다. 『코지키』·『니혼쇼키』에서는 게이코 천황(景行天皇)의 황자로 유년기의 이름은 오우스노 미코토(小碓命)라고 기록하고 있다.
22) 헤이안시대 말기에서 카마쿠라시대 초기의 무사이자 승려, 가인이다.

나타나 있다. 그러나 역사상의 인물로 보면 사이교가 이루어낸 일은 매우 다양하다. 1142(康治원년)년 출가한지 얼마 안 된 사이교는 후지와라 요리나가(藤原頼長)를 찾아가 일품경서사(一品経書写)를 권하며 선도하였다. 일품경은 법화경 2품을 하나 씩 두루마리 한 장에 베껴 쓴 것으로 헤이안시대에 천태(天台)적인 신앙세계에서 성대하게 행해진 선을 행하는 방법이었다. 그 후 사이교는 정토교의 색이 짙은 코야산에 들어가 코야산의 부흥을 위해 포교활동을 활발히 하였다. 또한 남도(南都)의 승려들과도 친교를 맺어 만년에는 도다이지의 부흥을 위한 조력을 구하기 위해 히라이즈미(平泉)를 방문한다.

한 가지 행함에 머물지 않고 인연에 따라 여러 가지 행함을 실천하는 것은 중세의 종교가뿐만 아니라 세속 사람들에게도 아주 자연스러운 행동이었다. 중세인이 이렇듯 다양한 종교 활동에 손을 뻗게 된 배경에는 그것을 계기로 삼아 최종적으로는 피안의 진리 세계에 도달하는 것이 목표였다. 이러한 세계관을 공유하고 있었다는 것은 이미 지적한 대로이다.

아무리 이 세상이 일시적으로 머무는 세계에 불과할지라도 살아있다면, 자기 자신이 사랑스럽고 온갖 세속적인 욕망에 지배되는 것은 중세인도 현대인과 마찬가지였다. 하지만 중세인에게는 현대인이 잃어버리고만 피안의 원향세계(原郷世界)에 대한 생생한 리얼리티가 존재했다. 그것이 중세인의 열렬한 신앙의 원점이었다. 사이교 또한 속세의 굴레 속에서 그러한 신앙세계를 살아갔고, 『사이교 모노가타리』에서 묘사한 것처럼 변함없이 한결같지는 않았다. 그러나 최종적으로는 피안세계에의 도래를 목표로 삼고 있었으며 그러한 것은 사이교 주변 사람들에게 널리 알려져 있었다. 그러한 신앙의 본연 그 자체에서 사이교의 독자성을 찾아내는 것은 쉽지 않은 일이다.

그렇다면 사이교의 특질은 어디에서 찾을 수 있을까. 그것은 당시 일반인들이 했던 것처럼 구제자인 수적(垂迹)에 의해 피안세계로의 왕생을 기도하는 것이 아니라 '산'·'꽃'·'달'과 같은 이 세상의 아름다운 것, 자연 그 자체 속에서 궁극의 이상세계의 일부분을 찾았던 것으로 보인다.

> 흰 벚꽃이 석존이 수행한 설산의 흰눈과 닮아 있는 것일까. 저절로 요시노(吉野)의 깊은 산 속으로 찾아가는 것이여. 『문서집(文書集)』

활짝 핀 벚꽃에 새하얗게 뒤덮인 요시노(吉野)의 산은 석가가 전생에 수행을 했다고 전해지는 설산의 새하얀 봉우리를 연상시켰다. 사이교는 자신도 모르는 사이에 요시노산에 들어와 있는 자신의 행동을 산의 거룩한 품성에 이끌려갔다라고 해석했다. 그에게 있어 꽃이 가득한 요시노의 산은 단순한 미적 감상의 대상만은 아니었다. 그것은 피안으로 통하는 지름길 그 자체였다고 한다.

> 어둠이 사라진 마음 속 하늘의 맑은 달은 서쪽 산언저리와 가까워진다. 『신고금집(新古今集)』

이 노래에는 「자신의 마음을 관찰하다.(観心をよみ侍りける)」라는 머리말이 붙어 있고 실제 경치를 읊었다고 하기 보다는 번뇌의 흐림이 사라지는 마음속을 '맑은 달'로 상징적으로 표현한 것이라고 생각한다. 하지만 이 노래를 읊었을 때 사이교의 뇌리에는 일찍이 어디선가 실제로 목전에 두고 깊이 마음을 움직였던, 아주 맑게 트인 하늘에 걸린 산기슭의 달을 마음속에 그리고 있었던 것이 틀림없다. 중세인이 영지에서 보았던 피안세계의 모습을 사이교는 아무런 꾸

믿도 없는 자연의 풍물 속에서 보고 있었다. 사이교의 여행은 이 세상의 현실 풍경 속에서 피안세계의 모습을 찾았고 그것이 그 나름의 순례 형태였던 것이다. 사람들이 산의 능선에서 모습을 나타내고 있는 내영도(来迎図)의 금색 미타(弥陀)에서 피안세계 부처의 본체 모습을 연상하고 있을 때, 사이교는 눈앞에 펼쳐진 현실의 능선 저편에서 얼굴을 슬쩍 비치는 만월에서 몹시 맑게 빛나는 부처의 모습을 찾아내었던 것이다.

산에 대한 관념의 이면성

그러나 이미 중세에 들어와서는 자연은 절대적인 구제자의 지위를 잃어가고 있었다. 산은 피안세계에 가장 가까운 장소이기는 하지만 더 이상 인간의 최종적인 안주(安住)의 땅은 아니었다. 성지(聖地)로서의 산의 이미지도 산 그 자체의 성스럽고 거룩한 특성에서 유래되었다기보다는 수적이 있는 영험한 땅의 배후지라는 점에서 생긴 관념이었다. 산에 집착하며 궁극의 구제를 바라는 사람은 역으로 자유를 속박 당할지도 모르는 위험한 행위였다. '나의 집은 산의 저편에 있거늘 이리도 쓰라린 세상을 모르는 마음이여(わが宿は山のあなたにあるものをなにに憂き世を知らぬ心ぞ. 『산가집(山家集)』)'라고 읊었던 사이교는 풍류를 즐기는 마음에 이끌려 방황하는 자신의 행동을 피안세계의 탐구라는 논리로 아무리 정당화한다고 해도 그 한계는 자신이 누구보다도 잘 알고 있었다.

꽃에 물든 듯한 마음이 왜 남아있는 것일까. 이 세상을 버렸다고 생각했던 몸이었거늘. 『산카슈(山家集)』[23]

산촌은 마당의 나뭇가지 소리마저 세상을 사나운 기색으로 만드는 구나.『사이교법사가집(西行法師歌集)』

산이나 꽃을 즐기는 노래 중에 산재해 있는 현세에 대한 집착을 부정하는 이러한 노래에는 산이나 꽃에 마음을 빼앗기는 사이교의 성격과 그것을 부정하는 시대적 조류 사이에서 괴로워하는 마음이 반영되어 있다. 그 점에서 솔직하지 않고 어딘가 자신의 주장을 합리화 하려는 인상을 남기고 있다. 사이교의 산에 대한 관념에는 그곳에 무조건 몰입하려고 하는 지향과 그런 자신을 또 하나의 냉정한 눈으로 바라보는 서로 모순된 입장을 느낄 수 있다.

산이나 산촌에 대한 동경은 사이교 뿐만 아니라 동시대의 문인이나 지식인에게도 널리 보이는 현상이었다. 그것은 중세 전기의 은둔사상과 생활을 지탱하는 정신적인 기반이었다. 예를 들어『신코킨슈(新古今集)』에는 산촌의 생활을 읊었던 수많은 노래가 수록되어있다.

산촌의 생활보다 더 좋은 길이 있을까 꽃이 지는 것처럼 사람도 그렇게 된다.(山里の庭よりほかの道もがな 花ちりぬやと人もこそ訪へ)『에치젠(越前)』

산촌에 대해서 물어 오는 사람들은 산촌의 생활이 부러운 것이다. (山里に問ひ来る人のコトコ구사はこの住まひこうらやましけれ)『지엔(慈円)』

그러나 여기에는 산촌의 생활을 사랑하는 말은 있어도 사이교에게

---

23) 헤이안시대 말기의 가승(歌僧)인 사이교법사(西行法師)의 가집으로 성립연대는 미상이다.

보이는 산에 대한 종교적인 신비화는 거의 없다. 산의 신성에 대한 집착이 없는 만큼 그것을 버리지 않으면 안 된다는 강박관념도 없다. 자연에서 피안세계의 모습을 추구한 사이교는 이로 인해 심각한 정신적 갈등을 스스로 자신의 내부에 껴안는 결과가 되었다.

근세에서의 전환

중세에서는 산악수행의 가장 중요한 목적은 타계정토에 왕생하는 것이었다. 수험도(修験道)나 산중수행은 현재에도 그 명맥을 유지하고 있지만 그곳에는 타계표상이나 피안지향은 대체로 희박하다. 또한 중세에 산 속에 남겨진 죽은 자는 구제로부터 멀어진 불행한 존재였다. 그러나 지금은 죽은 자가 산에 오른다는 이야기가 넘쳐나, 이것이 별다른 거부감 없이 대부분의 사람들에게 받아들여지고 있다.

그 전환의 배경에 있었던 것은 근세에 일어난 '죽은 자도 이 세상에 머무른다.'는 관념의 정착이었다. 사람이 죽은 후에도 이 세상에 남는다고 한다면 되도록 쾌적한 일상을 보낼 수 있는 곳이 좋다. 그러한 취지에 맞는 장소를 찾고 있을 때, 가장 적당한 곳이 산이었다. 산의 나라 일본에서는 평지에서 새로운 곳을 찾아내는 것은 어려울지라도 산에서는 조용하고 쾌적한 장소를 찾기 쉽다. 산은 세속으로부터 멀리 떨어진 맑고 깨끗한 장소 일뿐만 아니라 그곳에는 일생을 보낸 고향의 마을과 그리운 사람들의 모습이 남아있다.

이러한 과정을 거쳐 근세에는 성 아랫마을뿐만 아니라 마을 마다 묘지를 동반한 방대한 수의 절이 건립되었다. 산기슭에 있는 본당과 그 뒷산의 묘지가 한 세트로 이루어진 새로운 형태의 절이 이곳저곳에서 모습을 보이게 되었다. 공을 치는 '산사의 승려'가 일본열도의 일상 풍경이 되어갔다. 이러한 지리적 관계가 죽은 자는 산에 머무른다는 사회통념을 키우는 온상이 되었다. 영혼은 산에 있다. 라는 새로운 관념을 배경으로 중세에는 정토신앙의 중심으로 납골 성지였던 코야산 등의 영지(靈地)에서도 기지조성이 급속도로 전개되었다. 산 자와 죽은 자가 함께 이 세상을 공유한다고 하는 근세의 세계관은 언뜻 보기에는 고대로 되돌아간 것처럼 보인다. 그러나 산 자와 죽은 자의 영역이 명확하게 분절화(分節化) 될 수 없었던 고대에 비해 근세에서는 양 쪽의 거주공간이 엄격하게 구분되었다. 그 교섭도 오본이나 히간이라는 특정 시간, 묘지나 불단 등의 특정 공간에 한정되었다.

제7장
눈에 보이지 않는 사자와 함께 살아가다

2011년 3월 11일의 기억

2011년 3월 11일 관동지방에서 동북지방에 걸친 넓은 지역을 강한 지진이 덮쳤다. 즉 동일본 대지진이다. 격렬한 흔들림에 이어 찾아온 항상 초유라는 수식어가 따라 붙게 되는 거대한 츠나미는 순식간에 2만 명에 가까운 사람들의 목숨을 빼앗아 갔다. 이 자연 재해는 여러 가지 면에서 일본인에게 심대한 영향을 끼쳤지만 그 중에서도 가장 큰 영향은 현대인들에게 죽음을 새삼 가깝게 느끼도록 했다는 점이다.

나를 포함하여 오랜 기간 재해지역에 거주 중인 사람들은 대부분 어떤 식으로든 피해를 입었다. 간신히 재해를 피해 갈 수 있었던 사람들도 눈앞에서 아는 사람이 파도에 휩쓸려 가는 광경을 목격하지 않을 수 없었다. 거의 모든 사람들이 영상을 통해 사람이나 차, 집이 떠내려가는 것을 생생하게 보았다. 다수의 인간이 죽음을 목격하고 그 악취를 곁에서 들이마신 순간이었다.

말할 필요가 없는 당연한 사실이지만 인간은 반드시 죽는다. 누구나 예외는 없다. 우리 자신이 죽여야만 하는 운명이 각인되어져 있는 것은 아니다. 그러나 한 사람의 삶을 지탱하기 위해서는 많은 생물의 죽음이 불가피하다. 인간은 무수한 죽음의 그림자를 짊어지고, 그 자신 또한 죽음이라는 종착역을 향해 끊임없이 가야하는 숙명을 타고난 존재이다. 그러나 현대 일본에서 그 사실을 실감할 수 있는 기회가 있을까. 평소 생활에서는 일반인이 죽어가는 사람을 보는 경우는 거의 없다. 부패해서 사라져 가는 시체를 목격하는 경우는 더욱 더 있을 수 없다. 작게 잘려 비닐 랩에 싸인 채 가지런히 슈퍼 선반에 놓여진 고기에서 살아있는 소나 돼지나 닭의 모습을 상상하기는 어렵다.

죽음은 몇 겹이나 베일에 싸여 주도면밀하게 은폐되어 일상생활에서 멀리 떨어져있다. 공공연한 장소에서 사람은 반드시 죽는다고 소리 높여 말하는 것조차 지금은 금기시 되고 있다. 마치 죽음을 화제로 삼지 않으면 그것으로부터 벗어날 수 있기라도 한 듯, 현대 일본인은 목소리를 낮춰 죽음을 외면해 왔다. 그러한 현대 사회의 모습이 있었기에 죽음의 리얼리티를 실감하게 한 동일본 대지진은 우리 마음속에 한층 더 큰 동요를 일으키는 결과를 낳은 것이다.

재해지역에 피어난 꽃

내가 츠나미의 피해지를 방문한 것은 지진으로부터 한 달이 지난 4월 초였다. 미야기현 남부의 사카모토(坂元)라고 하는 해안의 작은 마을에 있는, 필자의 작은 별장의 상태를 알아보기 위해서였다. 내가 태어난 고향이 사카모토에서 산마루 하나를 경계로 내륙에 있는 쇼사이(小斎)라는 마을이었기 때문에 유년시절엔 때때로 아버지의 오토바이 뒷 자석에 타고 자주 이 해안을 방문했다. 그 때부터 지금에 이르기까지 셀 수 없을 정도로 이 땅에 발을 옮겼다. 옛날엔 소나무 벌판과 모래언덕 이외에는 아무것도 없었던 해안에, 언제부턴가 만

리장성을 상기시키는 방파제가 만들 어져 파도가 칠 때는 테트라포트가 뒤덮여졌다. 그래도 여기를 방문하 면 신기하게도 마음이 편안해졌다.

해안을 따라 남북으로 달리는 국도 6호선에서 바다 쪽 일대는 일반인의 출입이 금지되어 있었다. 마을의 관 할사무소에서 허가서와 검문을 받고 피해지역에 들어갔을 때 내가 가장 충격적이었던 것은 6호선에서 바로 해안선이 바라보이는 광경이었다.

죠반센(常磐線) 사카모토역의 흔적(坂元駅跡)

예전에는 해안까지의 3km 정도의 평야에는 집과 밭, 방풍림이 이어 져 있었다. 그리고 해안에는 방조제가 있었다. 그러나 지금은 익숙한 풍경은 하나도 없고, 눈에 들어오는 것은 어지럽게 흩어진 잔해들만 끝없이 펼쳐져 있을 뿐이었다. 시야를 방해하는 모든 것이 없어진 황 야의 저쪽 끝에는 부서지는 파도의 하얀 끝부분이 번쩍이고 있었다. 예상은 하고 있었지만, 집은 토대만 남기고 흔적도 없이 사라져 버렸 다. 그 자리를 발견할 수 있었던 것이 거의 기적이었다. 그래도 집터 의 한 구석에는 매년 피는 수선화가 노랗게 작은 꽃을 피우고 있었다.

생생한 츠나미의 흔적에 나는 일찍이 경험해본 적 없는 불안을 느 꼈다. 지진이나 화재로 집을 잃는 경우는 많다. 그곳에는 집은 없어 져도 주위의 풍경은 남는다. 그러나 츠나미의 경우는 달랐다. 집뿐만 아니라 그 집을 둘러싸고 있던 주위의 풍경 그 자체를 모두 잃어버리 게 되는 것이다. 모든 존재가 그 곳에 있던 사람들의 모습과 함께 소 멸되어 버렸다.

이것은 이 세상에서 내 자신을 위치 짓는 좌표축을 잃어버린 듯한 느낌이었다. 나는 상하 좌우의 방향 감각을 잃었다. 지진으로 재해를 입은 땅에 서서, 허무한 공간에 홀로 내던져져버린 것 같은 공포에 사로잡혔다. 동시에 떠오른 생각은 바로 이 장소에서 많은 사람들이 목숨을 잃었다는 사실이었다. 내 자신이 여기서 3월 11일에 인생의 마지막을 맞이했다고 해도 전혀 이상할 것이 없다는 생각이 들었다. 지진의 재해가 있었을 때 나는 센다이 역에서 막 신칸센을 타기 직전이었다. 만약 이동 수단으로 비행기를 선택하였다면 나는 공항 근처의 노상이나 주차장 혹은 공항의 터미널 빌딩에서 츠나미의 직격을 받았을 것이다. 극히 작은 우연이나 변덕이 내 인생을 바꾸게 한 것이다. 그것은 많은 사람들에게 있어서도 분명 마찬가지였을 것이다.

숙명으로서의 참극

3월 11일 대지진은 현대인이 봉인해온 죽음과 관련된 문제를 한순간에 풀어버리는 역할을 했다. 지진의 직접적인 피해를 입은 사람이나 그것을 영상으로 본 사람들도 사람과 자동차·건물을 삼켜 휩쓸어가는 해일의 무시무시한 위력에 압도당했다. 이 사건을 통해서 아무리 재해를 피하려고 노력해도 인간은 부조리한 죽음으로부터 피할 수 없다는 것을 우리들은 뼈저리게 느꼈다. 그러나 이러한 불합리한 많은 사람들의 죽음은 일본인들에게 있어서 첫 경험이 아니다. 우리들은 1995년에 한신아와지 대지진(阪神淡路大震災)을 경험했다. 또한 시대를 50년 거슬러 올라가면, 일본이 허허벌판의 잿더미가 된 적도 있었다. 그 당시는 전쟁에 가담한 정도나 군인·민간인 구별 없이 공

습의 희생자가 되어 길거리에 널브러져 있는 것이 일상적인 광경이
었다. 동북지방에는 해일 이외에도 사람의 힘으로는 어떻게 할 수 없
는 재해가 계속해서 닥쳐왔다. 대표적인 것이 기근이다. 사람의 목숨
에 영향을 끼치는 기근의 피해는 쇼와시대가 될 때까지 계속되었다.
기근과의 싸움은 동북지방에 주어진 숙명이었다.

기근은 반복적으로 계속 일어났다. 사람들은 지혜를 짜내어 기근이
다가오는 것을 대비했다. 1년 정도의 흉작이라면 버텨낼 준비도 해두
었다. 그러나 이 기근이 몇 십 년 만에 한번 올까 말까한 장기간의
대기근이어서 더 이상 인간이 노력한다고 해서 해결 가능한 것이 아니
었다. 에도시대의 4대 기근이라고 불리는 것이 그 대표적인 것이다.

동북지방의 기근은 냉해에서 시작되었다. 18세기 후반의 텐메이
(天明)의 대기근 때에는 기근과 더불어 아사마산(浅間山)의 분화가
더해졌다. 분연은 하늘을 뒤덮고 화산재는 눈처럼 내리면서 쌓였다.
한파와 하늘을 덮은 분연의 영향이 덮치면서 기록적인 냉하(冷夏)가
계속되었다. 수확은 격감되고, 동북지방에선 굶어죽는 사람이 줄을
이었다. 무츠노쿠니 산노헤군 하치노헤(陸奥国 三戸郡 八戸)에 번의
청사를 둔 난부씨족의 번으로 하치노헤번(八戸藩)에서는 수년 만에
인구가 반으로 줄었다는 기록이 남아 있다. 1785년에 츠가루(津軽)를
방문한 스가에 마스미(菅江真澄)는 풀숲에 백골이 흩어져있고 살아남
은 사람들도 시체 같은 모습이었다고 기록하고 있다. (『소토가하마
의 바람(外が浜風)』)

사람들은 살아남기 위해서 여러 가지 노력을 했다. 먹을 수 있는
것은 풀이나 나무껍질까지 전부 먹어치웠다. 가장 먼저 희생된 것은
가축이었다. 개나 고양이도 전부 먹었다. 어쩔 수 없이 인육에까지
손을 대고만 사람들도 있었다. 한편으로 입을 줄이기 위해, 약자의

도태가 행해졌다. 시나노노쿠니(信濃国)의 별칭으로 현재의 나가노현(長野県) 신슈(信州)나 이와테현(岩手県)의 토노(遠野) 등 동일본 각지에는 살아있는 부모를 산에 버리는 우바스테(姥捨) 전설이 남아있지만 진위는 확실하지 않다. 그렇지만 확실하게 일어났던 것도 있다. 그것은 기근 때에 태어난 아기를 먹여 살릴 수 없어 태어나자마자 제거하는 풍습인 마비키(間引き)라고 불리어지는 것으로 아기를 죽이는 풍습이다.

야나기타 쿠니오의 『고향 70년』에 기록되어 있는 것처럼 그가 어렸을 적인 메이지시대 전반에는 동일본에 아직 마비키 풍습이 강하게 남아있었다고 한다. 야나기타가 직접 봤다고 하는 마비키를 멈추게 하기 위해 기록한 다음과 같은 에마(絵馬)가 있다. '지금 막 아기를 낳은 여자가 머리띠로 그 아기의 목을 졸라 죽인다니 비극적이다' 지금도 이러한 에마는 각지에 많이 남아있다. 기근이 불러일으킨 비극을 목격하고 난후 생긴 '기근을 박멸하지 않으면 안 되겠다

마비키 에마(絵馬) 토쿠만지(徳満寺)

는 마음'이 그의 학문의 원점이라는 것을 야나기타는 이 책에서 표현하고 있다.

아이들을 죽이는 것은 어떠한 이유로도 절대로 용납할 수 없다. 인간 한명 한명의 목숨은 무엇보다도 소중하기 때문이라는 논리로 당시 사람들을 비판하는 것은 쉽다. 그러나 우리들은 그런 상식이 통하지 않았던 사회가 예전에 일본열도에 실제로 있었던 것을 상기할 필요가 있다. 누군가를 살리기 위해 누군가를 희생시키지 않으면 안 되는 시대가 있었다. 두 개의 생명 중 어느 쪽을 살릴까. 이러한 최후의 선택을 반복적으로 강요받는 시대가 계속되었다. 생명의 바톤을 다음세대에게 남겨주기 위해 힘든 시련을 견디며 절망을 오장육부에 새기면서 그래도 사람들은 살아남지 않으면 안 되었다.

해석되는 자연재해

지진이나 해일의 예지에 있어서 어느 나라보다 진보된 시스템을 가지고 있는 현대의 일본이라도 이번의 참상을 피하지는 못했다. 전근대사회에서는 이 열도에 들이닥치는 자연재해를 미리 알았지만 피할 방법이 없었다. 그렇지만 사람들은 언제 일어날지 모르는 자연재해에 떨고만 있을 수도 없다. 재해를 견디기 위해서는 반복되는 재해에 대해 납득 할 수 있는 해석이 필요 불가결했다. 하나하나의 재연재해를 우연히 일어나는 일이라고 받아들이지 말고 우리들을 둘러싸고 있는 세계에 있는 환경을 해석하고 자연재해 발생의 필연성을 설명함으로 인해, 그것을 이해가능한 질서 안에서 파악해 나갈 수 있다. 그 과정을 거쳐서 처음으로 인간은 재해를 긍정까지는 아니지만,

재해에 동반되는 가혹한 현실을 받아들일 수 있게 되는 것이다.

과학적인 지식이 부족한 전근대사회에서는 세계의 다른 지역과 비슷하게 일본열도의 사람들은 피할 수 없는 재해를 신이나 부처와 같은 초월적인 존재의 행위라고 엮어서 자연재해 출현의 과정을 해석하려고 했다. 자연과 신이 관련이 있다고 믿었던 고대사회에서는 자연재해는 신이 인간에게 주는 메시지라고 해석했다. 8세기 초에 완성된 『코지키(古事記)』에는 스진(崇神)천왕이 통치할 때 역병이 퍼져 수많은 민중들이 죽어가 나라가 멸망에 직면한 사건이 기록되어있다. 대책이 서지 않았던 천왕은 신에게 기도했는데, 꿈에서 오오모노누시노카미(大物主神)가 나타나서 역병은 자신의 저주다. 그러므로 오오타타네코(意富多多泥古)라고 불리는 인물에게 자신을 숭배 하도록 하면 나라는 평화로워질 것이라고 말했다. 그 말을 따랐더니 역병은 없어지고 사람들도 평온한 생활을 되찾았다고 한다.

불교 교학이 널리 수용되면서, 우주나 세계에 대해 체계적인 이해가 정착된 중세사회가 되면서 자연재해에 대해서도 그것의 발생을 더욱 큰 인과의 법칙 안에서 설명하려고 하는 경향이 강해졌다. 니치렌(日蓮)이 빈번하게 일어나는 천재지변을 거대한 재해의 예고라고 생각하고 자연재해의 방지와 불교국가 건설을 목적으로 지은 불교서적으로 1260(文応 1)년 완성한 『입정안국론(立正安国論, 릿쇼안꼬쿠론)』1)을 카마쿠라 막부에 올린 것은 그런 입장에서 내놓은 전형적인

---

1) 당시 계속적으로 일어나는 천재지변은 정토교 등의 사법(邪法)에 의한 것으로 배척해야하며, 모든 불경과 종파를 『법화경』을 기본으로 통일해서 정법(正法)을 넓혀 나가야 한다고 주장한 서적이다. 먼저 국가의 안정을 기원한 후 불법을 세워나가야 한다는 안국(安国)에 중점을 두고, 정법의 확립에 의해 국가가 평안해진다는 내용이 쓰여져 있다.

해석이었다. 중세인들에게 들이닥치는 자연재해는 진리의 세계에 도달하기 위해 주어진 피할 수 없는 시련이었다. 사람들의 최종 목표는 단순히 재해의 종식과 원상복구가 아니라 그것을 초월한 곳에 있는 구제의 성취이다.

눈으로 볼 수 없는 세계를 추상적인 생각으로 재구축 하려고 하는 중세신학은 자연에 대해 사람들의 식견이 깊어지고, 그 구조를 실증적으로 해명하려는 정신이 발흥하면서 서서히 그 존재의 발판이 좁혀져나갔다. 사회의 세속화와 신과 부처의 지위가 하락함과 동시에 시대는 중세에서 근세로 접어들었다. 그러나 아무리 자연에 대한 과학적 식견이 늘어나고, 합리적인 사고를 한다고 해도 거대한 자연재해 앞에서 사람들은 여전히 무력했다. 실제로 에도시대에는 천재지변에 의한 기근이 반복적으로 일어났다. 목숨과 관련된 일상적인 위험도 현대보다 훨씬 많았다. 근세 사람들은 항상 죽음을 가까이 느낄 수밖에 없는 상황에 놓여 있었다.

중세처럼 이 세계의 이상세계의 현실성을 사람들이 공유하는 시대였다면 안심하고 죽은 자를 그 구제 시스템에 맡길 수 있었다. 자연재해에 의해 희생된 사람들을 구하기 위한 첫걸음이라고 위치지어 조금이나마 마음의 평온함을 얻을 수 있었다. 하지만 절대적인 구제자를 상실한 근세에서는 이제 그것이 불가능했다. 그래서 근세인은 자연재해를 자연적인 천재지변으로서 참고 받아들였다. 동시에 운이 안 좋아 죽은 사람들에게도 원한을 떨쳐버리고 평온하게 잠들 수 있도록 새로운 의례와 습속을 만들어 갔다.

행복한 생활을 하는 사자들

죽은 자의 안온이 살아 있는 사람의 케어에 의한다는 것을 믿게 된 근세 이후의 사회에서는 장기간에 걸친 지속적인 공양의 전제로 사망자의 기억을 어떻게 유지하느냐가 중요한 과제였다. 묘비의 건립은 그 대표적인 시도지만 그 이외에도 다양한 시스템이 고안되었다.

프롤로그에서 언급한 이세(伊勢)의 아사쿠마야마(朝熊山)의 오쿠노인의 사자의 영혼을 모시는 공양탑에는 사자를 공양하기 위해서 세워진 거대한 졸탑파가 나란히 서 있는 '졸탑파의 공양 숲'이라고 불리는 광경이 보인다. 사찰의 설명에 따르면 이 풍속은 산속에 사자의 영혼이 모이는 타계(他界)가 있다는 고대이후의 관념에 따른 것이다. 그러나 나는 죽은 자의 영혼이 산에 모인다는 관념은 근세보다 이전 시대로 거슬러 올라 갈 수 없다고 생각한다. 중세시대에서는 이승에 남은 죽은 자는 불행한 존재였다. 아사쿠마야마에서 행해지고 있는 산악 참배 풍속도 아마 죽은 자가 언제까지나 이 세상에 머무르고 그 영혼을 어떻게 위로할지가 중요과제로 부상하는 에도시대에 시작된 것으로 추정 된다. 그 이전에 유사한 습관이 이루어지고 있다고 해도 그것이 의미하는 장소는 현재의 해석과는 상당히 다른 것이었을 것이다.

죽은 자를 기억하기 위한 장치는 근대에 들어오면서 쇠퇴하기 보다는 오히려 다양화되었다. 동북지방에는 젊어서 죽은 사람들을 공양하기 위한 독자적인 풍습이 남아있다. 모가미(最上)지방의 무카사리 에마나 츠가루(津軽)의 신부인형은 그 대표적인 것이다. 에도시대 이후의 전통을 이어받은 콘고쇼지(金剛證寺)의 졸탑파 공양이 범자(梵字)와 계명을 기록하는 불교적 형식을 취하고 있는 것에 반해, 근

대가 되고 나서 시작되는 무카사리 에마와 신부인형에는 종교색이
아주 약해져 있다. 물론 무카사리 에마나 신부인형이라고 해도 봉납
하는 곳은 불당이었다. 그러나 그곳에 나타나는 광경은 결혼식이라
는 완전히 세속화된 의례이다. 종교적 법열(法悅)과는 차원이 다르
다. 결혼이라는 이승에서 체험하는 축하행사가 죽은 자에게도 가장
행복한 때로 인식되고 있다. 사자의 세계는 현세와 이질적인 시간과
공간에 있는 것이 아니라 사후에 보내야 할 행복한 시간이 속세생활
의 연장선상으로 인식되고 있다.

이 점을 명확하게 하기 위해서 토노(遠野)의 공양에마(供養絵馬)를
살펴보기로 하자. 이 공양 에마는 1878년 세이난전쟁(西南役)[2] 때 출
정하여 23살에 전사한 청년을 공양하기 위해 코간지(光岸寺)에 봉납
된 것이다. 이 청년은 군인 복장으로 서양식 테이블 앞에 앉아 있다.
바닥에는 융단이 깔려있고 방에는 훌륭한 장식품이 있다. 테이블 위
에는 일식과 양식의 음식이 가득 진열되어 있고 술도 있다. 배후의
장식용 선반에는 책과 필기도구가 놓여있다.

청년이 있는 곳은 신불을 믿는 현실과 동떨어진 다른 차원의 공간
은 아니다. 동화 속에 나오는 것과 같은 궁궐이나 백만장자의 집도
아니다. 죽은 자의 세계이면서 실제로 이승에 있어도 이상하지 않은
광경이다. 토노 사람들이 예전에 어디에선가 눈으로 보고 자신도 이
러한 생활을 하고 싶었을 것이다. 서민이 동경하는 생활, 손을 뻗으
면 닿을 것 같은 일상이 그려져 있다. 죽은자의 나라 주민이 된 청년

---

2) 1877년 현재의 쿠마모토현(熊本県)·미야자키현(宮崎県)·오오이타현(大分県)·
카고시마현(鹿児島県)에서 사이고 타카모리(西郷隆盛)를 중심으로 일어난 토족
(士族)에 의한 무사의 난이다.

공양에마(供養絵馬) 코간지(光岸寺)

은 그 세계에서 당시의 서민들이 꿈꾸던 이상적인 생활인 풍부하고 넉넉한 일상생활을 보내고 있는 것이다.

이 그림에는 피안적 요소나 종교적인 느낌은 거의 없다. 이 청년의 현상을 엿 볼 수 있는 정보가 오른쪽 위에 있는 토코노마(床の間)[3]에 걸린 족자에 기록된 계명에 있다. 이것을 봉납한 부모는 거듭 절을 찾았으며, 이 에마를 보면서 아들의 기억을 떠올렸던 것이다. 동시에 그가 사자의 나라에서 행복한 생활을 이어가고 있다는 것을 확인하고 마음의 평안을 찾은 것이다. 다른 쪽 공양에마는 가족의 단란한 광경이 그려져 있다. 여기에는 안쪽에 부부로 보이는 두 인물이 그려져 있다. 앞쪽에 있는 젊은 남녀는 자식들인가. 산해진미를 앞에 두고 술잔을 서로 맞대고 있다. 딸은 바느질에 여념이 없는 상태이다.

토코노마의 족자 계명에서 가족 모두 이미 이 세상 사람이 아닌 것을 알 수 있다. 각각 어떻게 죽었는지 알 수 없고 숨진 시기도 다

---

3) 보통 객실의 위쪽에 바닥을 한층 높게 만들어 벽에는 족자를 걸고 바닥에는 꽃이나 장식물을 꾸며놓은 일본의 장식장이다.

공양에마(供養絵馬) 코간지(光岸寺)

르겠지만 가족이었던 사람은 사후 세계에서도 함께 모여 살게 되는 것이다. 거기에는 다툼도 굶주림도 없다. 훌륭한 저택에서 깨끗한 옷을 입고 호화로운 식사를 하며 남부럽지 않은 환경에서 즐거운 나날을 보내고 있다. 죽은 자의 명복을 기원하는 유족들의 정성어린 생각이 이 그림에는 넘쳐흐르고 있다. 이러한 에마가 있으므로 해서 남겨진 사람들은 무덤에서 상상 할 수 없는 가까웠던 고인의 사후 세계의 행복한 일상을 시각적 차원에서 이해하고 있다.

겹쳐지는 삶과 죽음

소중한 사람이 쇠약해져 생명이 다해가는 상황을 옆에서 그대로 지켜본다. 그 교류는 사후에도 그치지 않는다. 현세를 초월한 사람들의 끈끈한 유대감은 옛날부터 일본열도 어디에서나 흔히 볼 수 있는 것이었다. 그러나 요즘에는 더 이상 이러한 광경은 볼 수 없게 되었다. 위독한 상태에 빠진 인간은 집중치료실에 격리되어 그 보살핌은 오로지 전문 의료종사자의 손에 맡겨진다. 시술 중에는 친족이라도 면회가 허용되지 않는다. 의료 현장에서는 본인이나 친족의 희망보다는 1분이라도 환자를 오래 살리는 것에 중점을 두는 것 같아 보인다. 삶의 형태가 어떤 것이라 할지라도 생존자체가 목적화되고 거기에 최고의 가치를 두고 있는 것이다.

일단 사망이 확인되면 시신은 장례업자의 소관이 된다. 합리적이고 세련된 일련의 의례가 물 흐르듯이 행해져 정신을 차렸을 때에는 모든 장례식이 끝나고 유족이 유골함을 안고 있다. 정신없이 장례를 마친 사람들은 다음날부터 직장에 복귀하고 아무 일도 없었다는 듯이 일상생활을 한다. 고도로 기능화 된 오늘날의 일본시스템에는 삶에서 죽음으로 이행하는 인생에서 가장 중요시해야 할 시간에 본인도 주위 사람도 주체적으로 수행해야 할 역할이 주어지지 않고 있다. 이러한 현상의 배경에는 현대인의 바쁜 생활상을 이해하는 사람도 있을 것이다. 그렇지만 그것뿐이다. 나는 근 현대와 그 이전의 일본인 사이에는 죽음에 대한 근본적인 인식의 차이가 있는 것처럼 여겨진다.

오늘날 우리는 '몇 시 몇 분에 임종 하셨습니다.'라는 말에서 나타나듯이 삶과 죽음사이에 명확한 선을 그을 수 있다고 생각한다. 죽음의 판정은 전문가 사이에서도 논란이 있는 어려운 문제이지만 그래도 대부분의 사람들은 한 순간을 경계로 해서 산자가 죽은 자의 세계로 이행한다는 이미지를 갖고 있다. 그러나 우리가 상식적으로 알고 있는 이러한 이해는 인류의 오랜 역사 속에서 보면 근 현대에 나타나는 특징적인 특수한 감각이었다.

전근대 사회에서는 삶과 죽음 사이에 시간적으로도 공간적으로도 어느 정도의 폭을 가진 중간영역을 인정하는 것이 보통이었다. 그 영역의 폭은 시대와 지역에 따라 달랐지만 시간으로 말하면 최장 7일부터 10일정도 사이로 설정되어있다. 호흡이 정지되어도 즉시 죽음으로 인정되는 일은 없었다. 그 사람은 죽은 것이 아니라 삶과 죽음 사이에 가로놓인 경계를 헤매고 있다고 생각했던 것이다. 그 사이에 남겨진 사람들이 어떤 행동을 취할지는 그 배경이 되는 문화에 따라 각양각색이었다. 생자와 사자의 세계가 겹쳐져 있다는 감각이 강했던 고대 일본 열도에서는 영혼 부르기 등의 습속을 통해서 사자가 재생하기를 기원했다.

『니혼료이키(日本靈異記)』 등의 고대 설화에는 일단 육체를 떠난 영혼이 돌아옴으로서 죽은 사람이 소생한 이야기를 많이 볼 수 있다. 헤이안시대 중기의 가인(歌人)인 이즈미 시키부(和泉式部)가 죽은 애인의 공양물을 차려놓고 기다리며 '12월 그믐날 밤 읽어드린다', '죽은 사람이 오는 밤이라고 들었지만 당신도 없고 우리가 살던 집도 영혼도 없는 마을'(『고슈이와카슈(後拾遺和歌集)』)이라고 노래를 읊은 것처럼 죽음이 확정된 뒤에도 영혼은 매장된 땅에서 벗어나 이 세상을 떠돌아다닌다고 생각했다.

피안의 이상세계에 대한 리얼리티가 강해진 중세에 이르면 사자를 정토에 보내는 것을 목적으로 한 추선 의례를 행하였다. 많은 사람들이 친족의 유골을 가슴에 달고, 먼 코야산 등의 납골지로 향했다. 납골의 여정이 끝나고 한번 왕생이 성취되면 사자는 이제 이 세상에는 존재하지 않는다고 생각했다. 그러나 생자와 사자의 관계는 그것으로 끝나는 것이 아니었다. 마치 떨어진 이삭을 줍듯이 어떠한 실수로 이 세상에 머물러 있을지도 모르는 영을 확실히 저 세상으로 보내기 위해서 혹은 피안의 고인을 조금 더 높은 층으로 상승시키기 위해서 추선의례는 계속되어 갔다. 사자가 멀리 가지 않고 언제까지나 이 세상에 머물러 산다는 감각이 공유되었던 근세에는 망자가 현생에서 있었던 분노나 원한을 떨쳐버리고 묘에 안치되어 떠돌아다니지 않는 온화한 영으로 전환시키기 위한 공양이 중심이 되었다.

추방되는 신들

전근대 사회에서 삶과 죽음이 교차하는 영역은 호흡이 정지된 후 일정한 기간만이 아니었다. 생전부터 사후세계로 가는 과정이라고도 할 수 있는 여러 가지 의례가 행해지며 죽음이 확정된 이후에도 장기간 죽은 사람의 명복을 빌기 위하여 착한 일을 하는 추선공양이 계속되었다.

전자의 예로 10세기 후반에 죽어서 극락에 다시 태어나는 정토왕생을 목표로 하는 뜻을 가진 사람들에 의해 히에이잔(比叡山)에서 조직된 25개의 잡념 없이 오직 하나의 대상에만 정신을 집중하는 경지인 잔마이에(三昧會)가 있었다. 이 모임은 헤이안시대 중기의 문인 귀족으로서 저명한 유학자 요시시게노 야스타네(慶滋保胤, 933-1002)를 구성원으로 하는 결사지만 평소에는 사후의 생활에 대비한 준비를 진행함과 동시에 구성원이 존엄하게 죽음을 맞이할 수 있도록 간호하고 장례의례도 체계적이고 구체적으로 정해져 이루어졌다. 후자의 예로는 에도시대에 널리 이루어진 77일부터 33년 50년에 이르는 추선 법회가 있다.

삶과 죽음 사이에는 단지 일정한 너비만 있는 것은 아니다. 그 전후에 산 사람의 세계와 죽은 사람의 세계가 교차하는 긴 기간이 있다는 것이 전근대 사람들의 감각이었다. 산 사람과 죽은 사람은 계속 교류하면서 같은 공간을 공유하고 있었다. 삶과 죽음 그 자체가 본질적으로 다른 상태라고 생각하지는 않았던 것이다.

이러한 고대부터 장기간에 걸쳐 산 사람과 죽은 사람이 만나는 방법을 살펴보면 근대에는 삶과 죽음 사이에 넘을 수 없는 선을 그음으로써 산 사람의 세계에서 죽은 사람을 완전히 배제하려는 시대였다는 것을 알 수 있다. 죽음은 일상과는 거리가 멀고, 누구나 죽는다는 당연한 사실조차 공공연하게 입에 올리기를 꺼린다. 장례를 마치고 일단 사람이 죽음의 세계에 발을 들여 버리면 산 사람은 즉시 평소의 생활로 돌아간다. 다른 세계의 거주자이기 때문에 죽은 사람은 더 이상 대등한 대화 상대가 아닌 일방적인 추억의 대상에 지나지 않는 것이다.

생각해보면 전근대 사회는 생자와 사자가 함께 살았던 것 뿐 만 아니라, 산자와 죽은자가 더불어 신과 부처, 동물과 식물까지도 하나의 세계를 구성하고 있었다. 지금은 아이누족이 곰 새끼를 데려와 키우고 '신의 나라로 돌려보낸다.'고 기도한 후 돌려보내는 축제인 아이누인의 곰 축제나 이누이트(에스키모)의 민화 등에만 흔적이 남아있다. 그러나 신이 사람에게 말을 걸고, 동식물이 사람과 대등한 입장에서 대화하는 사회가 이 지구상에서 수천 수 만년 동안 이어져왔다. 『니혼쇼키』에 따르면 한때 일본 열도는 식물도 말을 했지만 지금 우리에게 말을 걸지는 않는다. 그것은 식물이 입을 다문 것이 아니다. 사람이 그들의 말에 귀 기울이는 것을 잊어버린 것이다. 신을 향해 마음을 기울인 기도는 사악하고 하찮은 존재로서의 자기를 실감하게 한다. 죽음과 동식물에 대한 작은 속삭임은 주위의 인간에게 온화한 눈빛으로 통한다.

나는 미야기현 남부의 산촌에서 자랐다. 내가 아직 어린 시절이었던 쇼와 30년대는 동북지방의 농촌에서 마을마다 신사의 축제가 계절의 절기에 행하여졌다. 마을에서 가장 큰 신사인 타케미카즈치(武甕槌神)를 제신(祭神)으로 모시는 카시마사(鹿島社)의 제례 날에는, 초등학교는 오후부터 휴교를 했다. 축제를 위해 많은 시간과 공을 들여 준비가 진행되고, 주변의 도로도 정비하며 주위를 깨끗하게 쓸었다.

지금 마을을 방문하면 대부분의 신사는 방문하는 사람이 없어 황폐화되고 말았다. 길에는 풀이 무성하여 걷는 것조차 쉽지 않은 상황이 되었다. 산사를 둘러싼 좁은 참배 길은 통학로 등으로도 사용되는 공용의 생활 도로로서의 역할을 했다. 다른 사람을 위해 몸을 움직이는 것을 싫어하는 사람도 신불(神佛)을 위해서라면 적극적으로 사회활동에 참여했다. 그 활동이 모세관같이 펼쳐진 말단의 도로를 유지하는 기능을 담당하고 있었다. 그러나 신이 공공의 공간을 만들어내는 기능을 잃었을 때, 자발적으로 그것을 정비하려고 하는 사람도 없어졌다. 인간이 만드는 집단은 그것이 작은 것이라도 내부에 감정적인 갈등과 이해의 갈등을 발생시키는 것이 숙명적이다. 공동체 사람들은 종교 의례를 통해 신의 모습을 공유함으로서 구성원끼리 직접부딪치는 스트레스와 긴장감을 완화하려고 했다. 누군가를 심판해야할 때 사람들은 그 역할을 신불에게 맡김으로써 사람이 사람을 처벌하는데 따른 죄책감과 처벌한 측 사람에 대한 원한의 악순환을 중단시키려고 했다.

신에 의해 조직된 공공의 공간은 양수처럼 집단에 속하는 사람들을 부드럽게 감싸고, 인간끼리 직접 부딪치는 것을 방지하는 역할을 했다. 그것은 또한 공동체끼리 국가 간의 분쟁을 방지하는 쿠션으로서의 기능을 담당하고 있었다. 나라와 나라를 갈라놓는 바다와 황야나 산괴는 인간의 통제를 벗어난 신의 영역이었다. 그곳은 영유를 다투는 곳이 아니라 심신을 깨끗이 하고 신에게 기도하는 곳이었다. 신을 타인으로 사회에서 배척했을 때, 인간의 이기심을 억제하는 빗장이 벗겨져 끝없는 비대화로 폭주하기 시작했다. 그 이기심의 싸움 끝에 언어폭력이 난무하고 무인도 영유를 둘러싸고 국민의 감정이 들끓는 그로테스크한 현대의 세계가 만들어진 것이다.

산리쿠三陸의 제례

종교가 일방적으로 지배와 수탈을 정당화하는 역할을 해온 역사를 잊어서는 안 된다. 신의 이름으로 억압이 계속되고 엄청난 수의 사람들이 살해되었다. 그 어리석은 행동은 지금도 이어지고 있다. 전전(戰前), 전시 중에는 국가 신도일색으로 빈틈없이 채워진 공적 공간이 구축되고 그것이 일본 열도는 물론 인근의 식민지까지 그 영향아래 놓이는 사태가 벌어졌다. 공간에 충만한 색채는 외부로부터 주민을 감쌀 뿐만 아니라 국가 권력에 의해 개개인의 내면에까지 침투되도록 강요되었다.

또 한편으로 일본열도에서는 신의 이름으로 공공 공간이 들어서고, 신에게 제사를 지내는 일을 통해서 사람들이 서로의 계층을 넘어 교류하고 이야기를 나누는 자리가 마련되었다. 이와테현 산리쿠(岩手県 三陸) 연안에는 수백에 이르는 신에게 제사를 지낼 때 연주하는 무악(巫樂)인 카구라(神樂), 일본 전통의 사슴 춤인 시카오도리(鹿踊り), 칼춤인 검무 등의 민속 예능을 전하는 단체가 있었다. 그 대부분이 2011년 3월 11일의 해일에 의해 막대한 피해를 입었다. 지진 직후에 그 제례는 중단되었지만, 본격적으로 부흥에 착수하여 많은 지역에서 제사와 제례가 재개되었다. 마을이 소멸되고, 옷이나 악기를 잃어버렸더라도 최소한의 도구를 융통하면서 희생자 추모를 위해 예능에 봉납했다. 여름에는 기와가 흩어진 거리를 제례 때 신위를 모시고 메는 가마인 카미코시나 향토예능 집단이 행진하는 풍경을 각지에서 볼 수 있다.

최악의 재앙에 직면했을 때, 신에 대한 행사로 제사나 제전(祭典)으로서의 신사(神事)는 단순한 민속예능으로서의 역할을 넘어, 새로운 사람들을 묶어주는 연결고리 기능을 하고 있다. 각지에서 신이 새로운 공공의 공간을 마련하고 있는 것이다. 이러한 신사의 행사뿐만 아니라 주민의 소통이 원활하게 이루어지고 있는 지역은 부흥을 향해서 한 발 앞서 나가는 것 같이 보인다.

생각해보면 신은 인간에게 가장 오래된 파트너였다. 국가가 탄생하

제례의 풍경 평염무악(平鹽舞樂) 사가에시(寒河江市)

기 이전부터 사람들은 신과 함께 있었다. 그 지배를 싫어하고, 잠시 근대인이 사회에서 배척한 신이 지금 산리쿠에서 재생을 위한 새로운 힘을 발휘하고 있다. 항상 신을 필요로 해 온 인간은 도대체 어떤 존재일까. 신과 죽은 사람을 타자로 보고 사회에서 배제시키려 했던 근대는 어떤 시대인가. 지진에 의해 사회에 생긴 거대한 균열 사이로 이형(異形)의 시대로서의 근대가 그 모습을 드러내고 있다. 지금 많은 인간은 더 이상 절대적인 근원인 신의 실존을 믿고 그 구제의 섭리에 몸을 맡길 수 없다. 죽은 사람과의 온화한 공존의 시대를 재현하는 것도 불가능하다. 그러나 그러한 시대가 예전에 실재했던 것을 자각함으로써 자신이 확고히 서야할 지평을 상대화 할 수는 있다.

인류의 멸망이 현실의 시야에 놓여 있는 오늘날 우리 한 사람 한 사람이 지구의 미래를 책임질 당사자로서 자신이 걸어가야 할 길을 선택해야하는 어려운 결정을 강요당하고 있다. 이러한 전환의 시대이기 때문에 우리는 지금 백년, 천년 단위의 긴 기간 속에서 자신의 위치를 확인하고 취해야 할 진로를 숙고할 필요가 있는 것은 아닐까.

살아남은 나

지진이 일어난 후 나는 여러 사정으로 종종 산리쿠(三陸)지방을 방문할 기회가 있었다. 거대한 갈퀴로 도려내 제거 된 것 같은 피해지역에서는 무질서가 눈앞 일면에 펼쳐진 평야의 해일 흔적과는 또 다른 충격을 받았다. 어느 여름날 센다이에 돌아오는 도중에 리쿠젠 타카다(陸前高田) 해안 길 국도 옆에 차를 세웠다. 해가 지고 일대에는 어둠이 깔려있었다. 예전에는 이곳에서 바다 쪽으로 갈대가 우거진 석호와 방파제가 있었고, 그 앞에는 타카다의 소나무 숲이 펼쳐져 있었다. 지금 그것들은 모두 소실되어 육지 깊숙이 들어온 바다가 도로 가까이 까지 이르고 있었다. 길가에 서 있는 바로 내 발밑에는 별빛에 비춰져 희미하게 흔들리는 검은 해면이 있었다.

이전에는 이 도로에는 많은 상점이 줄지어 있었다. 그러나 지금은 몇 번 들린 적이 있던 불고기 가게도 그 지역 수산물이 놓여 있던 길에 있던 역이나 편의점·가라오케·빠찡꼬(성인 오락실)도 모두 사라져 버리고 없었다. 이곳에서 산 쪽으로 바라보면 해일을 피할 수 있었던 주변의 고지대는 밝은 빛이 보이지만 말발굽 모양으로 잘려 나간 이와테현 남동부 태평양 연안에 위치하는 도시인 리쿠젠 타카다시(陸前 高田市)의 중심부 일대는 칠흑 같은 어둠이 깔려있었다. 여기에서 육지 쪽의 리쿠젠타카다역 쪽으로 집들이 줄지어 들어서 있었지만 지금은 모두 어둠속으로 가라앉고 말았다. 멀리서 헤드라이트 불빛이 드문드문 보일 뿐 지나가는 차도 거의 없었다.

해안가임에도 불구하고 바다 향기는 전혀 느낄 수 없었다. 동물의 낌새도 벌레소리도 전혀 없었다. 나는 이곳에 해일이 지나간 순간을 생각해보았다. 시에서 운영하는 4층 아파트의 높이까지 달하는 거대한 파도가 밀려오는 공포의 순간을 상상했다. 파도에 휩쓸려 의식을 잃어가는 사람들의 무념(無念)을 생각했다. 그리고 가족을 구하기 위해 그 파도를 향해 달려갔던 사람들을 생각했다. 그 해일로 인해 많은 사람들이 스스로 책임을 다하려고 하다 생명을 잃었다. 그 중에서 방파제의 수문을 닫기 위해 위험을 무릅쓰고 해안으로 달려간 소방관이 있었다. 또 피난유도를 계속하다 파도에 휩쓸려간 사람들이 있었고, 방송에서 경고를 계속하는 도중에 소식이 끊어진 사람도 있었다. 알지도 못하는 사람을 구하기 위해 미처 피하지 못한 사람도 있었다.

이 지진에서 나 자신이 목숨을 잃었다 해도 이상하지 않을 정도였다. 죽을 고비를 넘기고 누군가가 살려주었다는 생각이 스쳐지나갔다. 그때 내 등에 붙어있던 희미한 공포가 사라졌다. 생사가 반복되는 무한의 순환 속에서 지금 이 순간에 '나' 라는 인간을 살려 준 것에 대한 의미를 생각했다.

인류가 탄생해서부터 얼마나 많은 생명이 죽어간 것일까. 사랑하는 사람들이 지켜보는 가운데 온화한 표정으로 숨을 거두는 것은 오히려 드문 경우일 것이다. 기아·전쟁·전염병의 유행 속에서 때로는 예기치 못한 재해 속에서 자신의 삶을 회고 할 여유도 없이 죽어가는 경우가 많았다. 다른 사람을 위해 자신의 생명을 바친 사람이 있었다. 어떠한 삶을 보내더라도 이러한 사람들의 존재가 없었다면 생명의 연환(連環)이 오늘날까지 이어져 오지 못했을 것이다.

우리들은 누군가에게 희생을 강요 할 수는 없다. 그러나 자신을 희생하여 누군가를 구한 사람들이 없다면 오늘날 우리들의 삶도 생활도 있을 수 없다. 그러한 삶의 방식에는 단지 수명의 길고 짧음으로는 측정할 수 없는 생명의 빛남이 있었다. 그래서 선인들은 그러한 사람들을 신으로 현창(顯彰)하여 그 행위를 영원히 기억하려 했다. 여기에는 생존 그 자체가 목적화 된 현대사회와는 달리, 다른 사람의 행복과 복리를 위해 일생을 다 바치는 것을 지상 최고로 보는 사회가 있고 그것을 지탱하는 생과 사를 하나로 파악하는 세계관이 있었다.

사람은 반드시 죽는다. 나 자신도 오늘 아니면 내일이라도 생명을 잃어버릴 수도 있다. 그것이 불합리하고 무참한 죽음일지도 모른다. 그러나 그렇다고 해도 상관없다. 그것은 피할 수 없는 운명이기 때문이다. 어떠한 최후를 맞이하더라도 마지막 순간까지 다음 세대에 생명의 바톤을 이어주기 위해 발버둥치는 모습을 우리들은 먼저 죽은 사람으로부터 자연스럽게 보고 배웠다.

생존을 위해서 다른 살아있는 것을 죽이고 나아가는 것이 인간의 숙명이다. 길게 살면 그 만큼 많은 소중한 존재의 죽음을 목격하게 된다. 무수한 죽음이라는 무거운 짐을 어깨에 메고 그 무게를 견디면서, 그래도 우리들은 살아가지 않으면 안 된다. 어두운 해상 앞바다에서 지진이 일어난 후 처음으로 본 오징어 배의 등불이 밤하늘을 희끄무레하게 물들이고 있었다. 그 빛은 등불에 비춰져 드러난 츠가루(津軽) 지장존의 흰 얼굴을 떠올리게 했다. 그 앞에서 공손히 절을 하고 정성껏 화장을 해주고 있는 모친의 모습이 떠올랐다. 적어도 살아있는 동안 조금만 더 살려는 노력을 해보자. 조금만 더 나무를 심어보자. 멀리 보이는 고기잡이배의 불빛을 보면서 나는 이렇게 생각했다.

에필로그

기억되는 사자와 망각되는 사자

변해가는 묘제

본서에서 우리들은 중세부터 근대에 이르는 장송의례와 묘제의 변화를 더듬어보면서 현대에 상식화된 죽은 자에 대한 공양이 어떠한 과정을 거쳐 생겨났는지에 대해 생각했다. 그러나 사자가 있어야 할 곳이 아닌 묘(墓)에서 사자가 상주하는 묘에로의 전환이 일본열도에서 일어난 유일한 사생관의 변화는 아니었다. 시대를 거슬러 올라가면 그 어느 쪽과도 다른 장송의례가 행해졌다.

일본열도에서 최초의 묘지의 모습이 확인되는 것은 지금부터 1만 년 정도 거슬러 올라간 조몬(繩文)시대 초기쯤이다. 발굴조사에 의해 조몬시대의 거주지는 광장을 중심으로 원형으로 둘러싸는 형태로 만들어진 것이 명확해졌다. 묘지는 처음에는 광장의 중앙에 마련되었다. 중앙에 사자를 묻는 묘지의 구역을 두고 그곳에서 생활하는 사람들의 거주지가 둘러싸는 구조가 조몬 집락촌의 기본 형태였다. 조몬인은 죽은 자와 생활공간을 공유하며 같이 생활하였다. 그러나 조몬시대 후기에 접어들면서 그 모습에 변화가 생기기 시작했다. 묘지가 집락을 벗어나 일상 거주지에서 독립된 장소에 형성된 것이다. 동일본에 많이 보이는 돌을 원모양으로 나열하여 만든 묘지인 환상열석

(環狀列石)은 그 전형이었다. 그곳은 사자를 위한 시설이었다. 이 때부터 산자의 세계와 죽은 자의 세계가 확실히 분리되기 시작했다.

조몬시대에는 죽은 사람이 어떤 인물인가에 따라 묘를 만드는 방법이 크게 다르지 않았다. 그래서 묘의 형태에서 사자의 신분이나 지위를 알 수는 없었다. 그러나 야요이시대에 들어오면 키타큐슈(北九州)·이즈모(出雲)·깃삐(吉備) 등 각지에서 걸출한 규모의 묘가 생겨났다. 옛날 일본열도에는 많은 작은 나라가 생겨나고 그 나라를 지배하는 인물에게 부나 권력이 집중되어 있었다. 야요이시대 분묘의 스케일은 후대에 남을 정도로 광대하여, 오카야마현 쿠라시키시(岡山県 倉敷市 矢部)의 구릉 위의 분구묘(墳丘墓)로 쌍방중원분(双方中円墳)인 깃삐 고분군의 타테츠키고분(楯築古墳)은 직경 40미터의 원분(円墳)에 앞뒤에 반듯한 네모 모양의 돌기가 부속되어 있는 거대한 구조물이다.

야요이시대에 거대화된 묘는 3세기에서 6세기에 이르는 고분시대에 그 정점을 찍는다. 이 시기의 묘의 특징은 전방후원분이다. 고분시대의 막을 여는 3세기의 저묘(箸墓)는 전체길이가 280미터에 이르는 종래의 야요이 묘보다 월등히 큰 것이었다. 그것이 5세기의 오오사카부 사카이시(大阪府 堺市 堺区大仙町)에 위치한 닌토쿠 천황릉(仁德陵)으로 알려진 다이센고분(大山古墳)에서는 전체 길이 500미터에 이를 정도로 거대화 된다.

5세기에 전성기를 맞이하는 거대분묘의 시대는 6세기가 되면 상황이 완전히 달라져 쇠퇴하기 시작한다. 7세기에 들어오면 전방후원분은 거의 만들지 않게 된다. 7세기 말, 텐무(天武)·지토(持統)천황시대의 일본은 대륙의 율령제도를 받아들여 중앙집권국가 건설이 진행되며 그 과정에서 자기들만의 엄밀한 묘의 규격을 만들어 천황 이외

오유환상렬석(大湯環状列石)[1]

의 인물이 큰 묘를 만드는 것을 금지한다. 일반 서민들은 묘를 만드는 것조차 허용되지 않았다.

헤이안시대는 천황이나 상급귀족·고승 등의 특별한 인물들의 묘를 제외하고 일본에서 묘는 소멸된다. 특히 그 후반에는 '묘의 공백시대'가 된다. 본론에서 언급한 중세 묘지나 산골(散骨) 영지는 이 묘의 공백기를 지나 12세기에 새롭게 생겨난 묘제이다.

중세부터 근세에 묘제가 전환되는 배경에는 세계관과 사생관의 변화가 있었다. 조몬시대부터 야요이시대 고분시대를 거쳐 역사시대에 이르는 묘의 변용배경에도 역시 무엇인가 세계관의 전환이 있었을 것

---

1) 아키타현 카즈노시(秋田県 鹿角市 十和田大湯)에 있는 죠몬시대후기의 대형 배석유적(配石遺跡)이다.

으로 추측되지만 지금은 이 문제에 대해서 거론하지 않으려고 한다. 한 가지 확인해 두고자하는 것은 일본 열도의 장송의례와 묘제가 항상 극적인 변화를 지속해 왔다는 사실이다. 중세와 근세 사이에는 묘에 영혼이 머문다는 생각이 바람직하지 않다는 시대에서 묘에 영혼이 머문다는 생각이 바람직하다는 시대로 180도 바뀐 의식 전환이 있었다.

가까이 있는 조상들

이 사실은 종래부터 언급되어온 상식적인 일본인의 사생관에 대한 발본(拔本)적인 재검토에 불과하다. 일본인의 사생관을 둘러싼 통설이란 무엇인가. 제6장에서 논한 바와 같이 사자가 이 세상을 떠나 먼 타계(저승)에 간다는 관념의 부재이다. 다시 말하면 죽은 자의 영혼은 언제까지나 가까운 장소에 머물러 있다는 것이 일본인의 전통적인 관념이라는 것이다.

일본에서는 죽은 자가 멀리 있는 다른 세계로 떠난다는 감각은 없었다. 죽음을 맞이했던 사람의 영혼은 이전의 생활공간과 가까운 곳, 특히 자손들의 생활을 지켜볼 수 있는 산의 정상에 머물며 다시 인간 세상에서의 삶을 누릴 때까지 때때로 연고자들과 친밀한 교제를 나누었다. 외래사상인 불교의 타계관도 영은 가까운 장소에 머문다는 전통적인 신념에 의해 지옥과 극락도 산속에 있다는 산중타계(山中他界)사상으로 변용되어 갔다.

야나기타 쿠니오에 의해 체계화된 이러한 견해는 일본인의 세계관에 관한 지금 하나의 통설, 즉 '일본에서는 현세와 동 떨어진 타계표상이 발달되지 못했다.'는 것과 밀접한 관계를 가지며 오늘날 일본문화론의 토대가 되어 일본인의 상식을 형성하고 있다.

예를 들어 기기신화(記紀神話)를 떠올려 보기 바란다. 이자나미가 죽어서 간 황천국은 이자나기가 걸어서 갈 수 있는 장소였다. 또 하나의 일본신화에서 아마테라스 오오미카미(天照大神)를 비롯하여 많은 신들이 살고 있다고 하는 천상의 세계를 말하는 타계의 표상인 타카마가하라(高天原)도 이 세계와 같은 경관을 가지고 수전 농경이나 베짜기를 했으며 또한 가볍게 왕래 할 수 있는 곳이었다.

이렇게 일본인은 태고부터 이 국토에 깊은 애착을 가지고 현세에서의 생활을 즐기는 것을 전통으로 여겨왔다. 일본에서는 현유(顯幽) 두 개의 세계가 서로 가깝고 친근한 예로서 야나기타 쿠니오가 거론한 또 하나의 증거가 환생신앙이다. 사자가 가까운 친족으로 다시 태어난다는 전승이 각지에서 보인다고 논한 야나기타는 고인의 영이 다른 육체를 빌려 이 세상에 다시 태어난다는 가능성을 일본열도에 사는 사람들이 믿고 있다고 지적하고 있다. 이러한 관념이 있었기 때문에 일본열도에서 기독교·이슬람교나 불교와 같은 현세를 부정적으로 보거나 이 세상과 전혀 다른 차원의 공간에 현세와는 다른 이상 세계를 상정하는 사상은 충분히 발달되지 못했다. 사자도 또한 생전에 사랑한 아름다운 향토에 머물며 오래도록 자손을 지켜보는 것을 이상으로 여겼다.

「일본문화론」의 상식을 의심하다

이 통설이 가지는 강한 설득력의 배경에는 사자가 언제까지나 생자 가까이에 머물러 있다는 관념이 오늘날에도 많은 일본인이 생생하게 느끼고 있는 상황이 되었다. 봄·가을의 히간(彼岸)에는 가까운 사람들이 잠들어 있는 묘를 찾아가 꽃이나 향을 올리며 마치 고인이 있는 것처럼 고인이 평안하게 잠들기를 기원한다. 오본이 되면 정령단(精霊棚)을 차리고 맞이하는 불을 피워 조상의 영을 집으로 맞이한다. 확실한 신앙을 가지고 있는 것은 아니지만 조상의 사진을 방에 걸어놓고 꽃이나 물을 올리는 사람은 많이 있다. 야나기타 쿠니오가 말하는 사자와 생자의 친밀한 교류를 여기에서 볼 수 있다. 그래도 그것이 일본에서 보편적·초시대적으로 존재하는 일본적인 감성이 아니라는 점은 이미 살펴본 바와 같다. 묘 하나만 보더라도 시대별로 아주 극적인 변화가 있었다.

11세기경까지는 천황가나 상급귀족·승려 등 일부 특권계급 이외에는 묘를 세우지 않았던 시대였다. 12세기가 되면 각지에 중세 묘나 납골영지가 탄생하지만 그곳에도 정기적으로 참배하는 풍습은 정착되지 않았고, 참배자가 끊어지면 묘지는 자연으로 돌아가는 것이 보통이었다. 중세에는 묘지에 머무는 사자는 아직 구제되지 않은 불행한 존재라 생각했다. 묘지에서 공양을 올리는 것도 사자가 평안하게 잠들기를 기원하는 것이 아니라, 사자의 영혼을 확실하게 피안에 보내기 위해서였다. 전국(戰国)시대부터 에도시대에 걸쳐 겨우 고인의 이름을 기록한 묘비와 같이 무덤 앞에 세우는 표시물인 묘표(墓標)가 보급되고 사자가 묘에 머문다는 관념이 사회에 침투되어 갔다. 야나기타가 기본 틀을 만들고 다수의 민속학자나 종교학자가 이를 추적한 '가까이 있는 조상'의 이미지는 일본열도의 유구한 역사 속에서 보면 기껏해야 300년 정도의 전통을 가진 것에 불과한 것이다.

일본인과 유골

일본열도에서 장례의식과 묘제가 지속적으로 변화를 거듭한다는 사실은 일본인의 사생관에 관한 또 하나의 통설인 '일본인은 유골을 소중히 여긴다.'라는 견해에 대해도 근본적인 재검토가 필요한 것이었다. 확실히 근현대의 일본인은 사자의 유골을 소중히 여겼다. 연고자가 먼 외국에서 사망했을 경우 적어도 유골만이라도 가지고 돌아가려고 하는 것이 대부분의 일본인이 가지는 공통된 심정이다. 태평양전쟁에서 전사한 고인의 유골 수집이 전후 70년이 경과한 현재에도 계속되고 있다. 그러나 유골에 대한 집착이 일본열도 주민의 일관된 지향이냐라고 하면 결코 그렇지는 않다. 고대에는 시간이 흐르면 분묘는 초목에 뒤덮여 누구의 묘인지도 모르게 되는 것이 그 당시 실정이었다. 들판에 유골을 바다나 강이나 산에 뿌리는 장례인 산골(散骨)을 하기도 했다. 『만요슈』에는 죽은 아내의 유골을 뿌리는 모습을 '사랑하는 사람은 옥이 되었나. 이 푸른 산에 유골 가루를 뿌리니, 어디에도 없이 흩어져버렸다(玉梓の妹は玉かもあしひきの 清き山辺に撒けば散りぬる).' 사랑스런 사람은 옥이 되었는가. 이 푸른 산 주변에 뿌리니 어느 곳이나 상관없이 흩어져 갔다라고 노래하고 있다. 사람들의 관심은 오직 영혼의 정화에 집중되어 사후에는 고인의 유골이나 유체에 대한 관심은 거의 없어졌다.

중세적인 장례의례로서의 납골신앙에는 그때까지와는 다른 유골 존중의 태도를 볼 수 있다. 그 경우에도 한번 유골이 납골 장소에 납골되어 버리면 고대와 같이 그 행방에 대해서는 신경 쓰지 않았다. 조상의 유골에 관한 지속적인 관심도 전국시대에서 에도시대 초기에 형성된 새로운 의식이었다. 그 당시 일본열도에서는 유체·유골에 대한 견해가 크게 전환되었다. 영구적으로 계승되어지는 가족 제도와 관념이 정착되고, 이를 배경으로 개인묘·가족묘가 널리 일반화되어 간다. 죽은 자는 단나데라(檀那寺)[2]의 경내 묘지에 매장되어 그 존재를 영원히 기록으로 남기기 위한 법명을 새긴 석탑이 세워졌다. 자손들에 의해 정기적으로 묘지를 참배하는 관습도 확립되었다. 이러한 상황의 변화에 대응하여 16, 17세기부터 대량의 묘지를 갖추고 있는 절인 묘사(墓寺)가 집중적으로 건립되기 시작했다. 유골을 납골하는 묘에는 조상이 잠들어 있고 그곳을 방문하면 항상 고인을 만날 수 있다는 현대인에게 통하는 감각이 유골의 소재지에 대한 관심의 증가와 비례하여 점차 사회에 정착해 간다.

유해나 유골을 방치하고 살피지 않았던 고대 사람들과 화장한 뼈를 영지나 공동묘지까지 가지고 갔던 중세 사람들, 그리고 가족묘를 만들어 유골을 수납하고 정기적으로 묘에 참배했던 근세 이후의 사람들 등 일본열도에서 살아온 사람들의 사자에 대한 태도는 이렇게 많은 변화가 있었다. '일본인은 뼈를 소중히 여긴다.'라는 명제는 유골을 물질로 밖에 취급하지 않았던 고대인에게222

는 통용되지 않는다. '죽은 자는 가까운 곳에 머문다.'라는 감각은 먼 정토에 가기를 원한 중세 사람들에게는 상관없는 일이다. 이 새 시대의 사람들에게 사자나 영혼을 둘러싼 공통적인 관념을 찾기는 힘들다. 장송의례의 격변이라는 사실 그 자체가 '일본인의 사생관'이라는 형태로 총괄되어 온 지금까지의 통설·속설에 확실히 파탄을

---

2) 불교용어로 본래 개인의 기진(寄進)에 의해 창설되어 그 일가(一家)를 위해 불법을 베푸는 절을 의미하였으나 일본에서는 일반적으로 신자가 자신이 소속된 절을 단나데라라 칭하고, 소속된 절에 선조의 위패를 모시며 법사(法事)를 행했다.

선고하는 것이었다.

인간인 이상 죽음은 반드시 찾아온다. 죽음의 문제에 있어서는 국
적이나 민족과 전혀 상관없다. 죽음은 세계 속의 종교나 문화형성의
중요한 모티브였다. 그 때문에 일본열도를 넘어 넓은 시점에서의 비
교문화론적인 연구를 진행할 때 그 주제로서 자주 '죽음'이 거론되어
왔다. 태고부터 현대에 이르기까지 죽음과 관련된 유적·의례·습
속·문헌을 풍부하게 남기고 있는 일본열도는 이 문제를 연구함에
있어 아주 좋은 필드이다. 대량의 자료도 축적되어 있다. 지금 나는
'일본에서는 죽은 자는 가까이에 머문다.'·'일본인은 뼈를 소중히
여긴다.'라는 속설에 묶여 있지 말고, 각 학문분야의 울타리에서 벗
어나 서로 손을 잡고 그 근원적인 문제에 접근해야 할 필요성이 있
다고 생각한다. 이것은 반드시 이 국토에 뿌리내려진 연구 성과와
방법을 해외로 발신할 수 있는 새로운 분야의 창성(創成)으로 이어
질 것이다.

사자공양의 다양성

우리는 지금까지 이 일본열도 내부의 장송의례의 변화를 살펴보았
다. 세계로 눈을 돌리면 장례나 묘제의 본연의 모습은 더욱 다양하
다. 인도에서는 오랜 옛날부터 묘를 만들지 않았다. 지금도 대부분의
사자는 화장한 후 그 유골을 강이나 바다에 뿌린다. 타다 남은 유체
의 일부가 강 위에 떠 다기기도 한다. 티벳의 조장(鳥葬)에서는 유체를
옥외의 바위 위에 옮겨 그곳에서 돌로 잘게 부수어 독수리에게 먹게
했다. 이것을 일본에서 행한다면 유체손괴 범죄행위에 해당한다. 이

외에도 묘를 만들지 않는 민족이나 지역은 세계 여러 곳에서 볼 수 있다. 그러나 묘를 만들지 않는 것이 죽은 자를 경시하는 것을 의미하지는 않았다. 인도에서 사체를 겐지즈강에 흘려보내는 것은 그 영혼을 하늘에 보내기위한 것이었다. 겐지즈의 흐름은 히말라야 산맥이 되는 원류로부터 산 정상을 거쳐 하늘로 통하고 있다. 조장에서도 영혼은 새와 함께 하늘위로 날아올라 간다고 믿고 있었다. 묘를 남기지 않는 이러한 장송의례의 배후에 있는 것은 그러한 풍습을 필연적인 것이라 생각하는 고유의 사생관이며, 그것은 '야만'이나 '문명'이라는 범주와는 전혀 다른 것이다.

역으로 세계에는 일본보다 훌륭한 묘를 세우는 곳도 있다. 여기에 올린 사진은 상하이 근교의 신흥 묘원이다. 지금 중국 본토에서는 중국인이 토장묘를 세우는 것은 금지되어있지만, 화교의 경우는 예외였다. 해외에서 성공해서 고향에 훌륭한 분묘를 세우는 것을 이상으로 여기고 있다. 한국에서도 근년까지 토만두(土饅頭) 형태의 훌륭한 각 개인의 묘지를 만들었다.

세계에는 일본과 전혀 다른 장례법이 있는가 하면 의외로 공통점을 가진 것도 있다. 이것은 로마에 있는 유골의 교회이다. 서양의 중세에는 교회의 지하나 정원에 매장했다. 그곳에는 죽은 사람을 자루에 넣어 공동의 구멍 속에 쌓아놓는 것이 전부이고 묘표는 세우지 않았다. 한번 교회에 묻히면 사자는 금세 익명의 존재가 되어버렸다. 그렇게 묻힌 유골이 모여 장식물이 만들어 졌다.

서양의 중세는 기독교가 큰 영향력을 미치며 현실세계와 피안세계가 날카롭게 대립하던 시대였다. 그곳에는 사후 천국에 가는 것이 이상이었다. 부활에 대비한 유체의 보존 등은 도리 상이며, 당시 사람들에게 있어 영혼이 승천한 후의 육체나 뼈는 그냥 빈껍데기에 불과

중국의 신흥묘원   로마의 유골 교회

했다. 이러한 관념이 사체의 익명성과 유골의 재이용의 배경이 되었다. 여기에는 유체의 취급 방법에 있어서도 그 배후에 있는 세계관에 있어서도 일본 중세의 납골신앙과 아주 비슷한 구조를 찾아 볼 수 있다. 현대 프랑스를 대표하는 아날학파로 중세 역사가의 한 사람인 루·곳프(Jacques Le Goff, 1924-2014)는 12세기 유럽에서 연옥에 대한 관념이 생겼다는 것과 그 소재지로서 이탈리아 중부에 있는 베스비아스(Vesuviu) 등의 화산이 상정된 것을 논했다. 그 시기는 일본에서도 산이 진정한 구제의 전 단계에 해당하는 연옥과 같은 역할을 한다고 생각했다. 같은 시기에 동서세계의 여러 곳에서 산속에 사후의 이상세계로 향하는 문을 빠져 나가기 위한 시련의 장이 있다고 생각했다.

새로운 장송의례의 출현

사자를 추모하는 방법이 이처럼 다양하다면 지금 우리들이 상식이라고 생각하는 일본의 장송의례도 언젠가는 변화해가는 숙명을 피할 수 없다. 그 전조는 이미 나타나고 있다. 지난 세기가 끝날 시점부터 다양한 형태의 새로운 장례법이 출현하고 있다. 그 하나로 먼저 자연장을 들 수 있다. 이 명칭은 1991년에 야스다 무츠히코(安田睦彦)에 의해 시작된 「장송의 자유를 추진하는 모임」의 활동을 통해 사회적 인지를 얻게 되었다. 유골을 가루 상태로 하여 산과 바다에 뿌리는 것이다. 묘지 이외의 장소에 산골하는 것은 불법이라는 이미지가 있었지만, 이 모임의 활동에 대해 법무부가 절도 있게 행한다면 법에 저촉되지 않는다는 견해를 표명하면서부터 급속히 확대되기 시작했다.

또 다른 주목할 만한 사례는 수목장이다. 이와테현 이치노세키시(岩手県 一関市) 사원이 마을의 산을 보전하려는 목적을 겸하여 시작한 것으로 산림에 유골을 묻어 기념식수를 하는 형태를 취하고 있다. 사자가 초목이 되어 살아간다는 이미지가 때마침 자연회귀 붐을 타고 사회에 수용되면서 빠르게 전국에 보급되어 갔다. 자연회귀라고하면 스웨덴에서는 시체를 냉동건조 방법으로 분말 화하는 냉동장이 개발되어 실용화되고 있다고 한다. 흙에 묻힌 유체는 단기간에 완전히 흙으로 돌아가 비료가 된다. 마지막까지 친환경을 추구한 장례법이다.

이러한 장송 의례가 정착해 나가는 배경에는 산림과 자연을 파괴하는 대규모 묘지 개발에 대한 비판 의식의 고조가 있었다. 오로지 경제 성장만을 추구하는 자세에 의문의 목소리가

수목장의 산 이치노세키시(一関市)

높아지는 가운데 사후 자신들도 자연으로 돌아가 자연과 일체화되고 싶은 사람들의 바람이 표면화되어 온 것이다. 자연장과 수목장은 자신의 존재를 오랫동안 기록에 남기려고 하는 지향성은 매우 약하다. 산골 즉 뼈 가루를 바다나 강에 뿌리는 경우, 그 행위가 종료된 단계에서 사자의 본적지는 이 세상에 존재하지 않게 된다. 그곳에서는 뼈를 사자가 머무는 곳이라고 인식하는 발상은 없다. 수목장의 경우에도 매장 지점에 작은 나무 표지판을 세우는 것뿐이고, 고인의 이름을 남겨 두려는 의식은 찾을 수 없다. 최근에는 화장터에서 화장이 끝나도 뼈를 받지 않고 '적당히' 처분 해달라고 부탁하는 사람이 증가하고 있다고 한다. 뼈를 고인과 연결시켜 특별하게 생각하는 풍조는 분명하게 변화를 보이기 시작하고 있다. 이것은 매우 중요한 문제를 안고 있다. 가시화된 의례뿐만 아니라 그 배후에 있는 세계관과 사생관 자체가 큰 변화의 과정에 있다고 추측되기 때문이다. 16세기부터 지금까지 지속되어온 묘지를 매개로한 산 자와 죽은 자의 교섭이라는 상식이 지금 전환기에 접어들고 있다. 망자는 점차 묘지에서 이탈하고 있다.

죽은자는 어디에 있는가

무덤이 없다고 하면 죽은 자는 어디에 있는 것인가. 이점에 관한 흥미로운 현상은 최근에 자주 볼 수 있는 고인의 사진을 방에 장식처럼 꾸며놓는 형태이다. 종래와 같이 불단을 만들어 위폐 등과 함께 사진을 안치하는 것이 아니라 종교적 색채를 배재한 형태로 실내장식의 일환처럼 해서 사진을 두고, 꽃 등을 바치는 것이다.

요즘 유행하고 있는 또 하나의 사자를 공양하는 방법으로 원래 묘지나 사원에서 관리하는 유골이나 유골가루를 자택에서 공양하는 방법으로 테모토 공양(手元供養)이라 불리는 것이 있다. 이것은 유골을 점토나 유리와 함께 구워 목걸이나 장식물로 해서 몸에 지니고 다니거나 가까이에 두는 형식이다. 이 테모토 공양에서도 종교적 색채는 거의 보이지 않는다. 이 양자에 공통되는 것은 죽은 자가 영원히 기억에 남는 것을 전제로 하지 않는다는 것이다. 사진이든 테모토 공양이든 고인과 공양자와의 관계는 개인적인 수준에 머물러 있다. 공양자가 이 세상을 떠나서 피공양자와 같은 세계로 가버리면 더 이상이 세상에서 고인을 기억하는 인간은 존재하지 않는다. 묘비에 불가에서 죽은 사람에게 붙여주는 이름인 법명을 새기는 종래의 방법과는 근본적으로 다른 발상을 하고 있다. 이러한 장례방법의 배경에는 전통적인 가족제도의 변화가 있다. 고도 성장기에 인구의 도시 유입에 따라 수세대 직계가족이 함께 동거하는 대가족제도가 해체되고, 부부와 그 자식들로만 이루어진 일부일처제의 소가족이 세대의 단위가 되었다.

최근에는 평생 미혼으로 사는 남녀가 증가하여 사후 명복을 빌어줄 친족이 없는 사람이 대량 출현하기에 이르렀다. 자연장이나 수목장를 선택하는 사람들의 대부분은 다음 세대를 이어줄 후계자가 없었다. 그런 사람들은 자신의 지속된 공양을 바랄 수 없다. 적어도 배우자나 지인이 작은 유품을 가까이에 두고 가끔은 만지면서 자신을 떠올려주기를 바란다. 알고 지내던 사람을 기억할 수 있으면 좋고, 알고 지내던 사람에게 기억 될 수 있으면 그것으로 만족한다는 의식이 밑바닥에 깔려있다. 이것은 죽은 자와 살아 있는 자와의 관계의 개인화에 지나지 않는다. 예전처럼 산자와 죽은 자의 관계는 가족을 매개로 한 관계, 사회적인 관계는 없어지고 어떠한 관계로 연결된 개인끼리의 1대1의 관계로 변화되고 있다. 자신을 기억하는 주위 사람들이 전부 없어졌을 때 자연과 일체화되어 이 지구의 한편에서 존재해간다는 이미지로 죽음을 인식하게 되었다. 죽은 자는 유골이나 묘로부터 해방되어 자신을 기억해주하는 사람이 있다면, 자신을 기억해 주는 사람에게 자유자재로 나타날 수 있게 되었다. 죽은 자가 자신은 무덤에 없다고 하는 '천개의 바람이 되어'라는 노래가 유행했던 것은 이러한 새로운 세계관과 사생관의 침투에 대응하는 현상이었다. 사진이나 유골로 만든 목걸이는 사자가 깃들어 있는 매개체가 아니라 기억을 상기시키는 장치였다. 죽은 자는 어디에 있을까. 여기에 있다고 정확히 말 할 수 있는 구체적인 장소에 있는 것은 아니다. 컴퓨터를 가동시켜 어플을 조작하면 등장하는 케릭터처럼 가상공간에 있는 가상적인 존재였다. 유품은 그 기동을 위한 스위치인 것이다.

이러한 사자의 이미지가 생겨난 배경에는 일본의 가족제도의 변용이 있었다는 것은 이미 서술한 대로이지만 요즘은 사체를 접할 기회가 거의 없어진 것도 큰 원인이 되었다고 생각한다. 지금은 친족의 유체처리조차도 장의업자가 대행하므로 유족이 직접 손을 쓰지 않아도 해결되는 시스템으로 이루어져있다. 장례식에 출석만 하는 지인이라면 어떠한 죽음을 맞이해도 대면하는 것은 깨끗하고 정돈된 아름다운 죽음의 얼굴이다. 그것은 마치 납 인형을 보는 것처럼 시체에서 느끼는 무서움은 전혀 느끼게 하지 않는다. 앞으로도 일본 열도에는 사자가 유체와 떨어져 죽음의 리얼리티가 희박한 가상공간으로 주거지를 옮겨가는 경향은 변함이 없을 것이다. 그러나 이러한 경향이 일방적으로 진행된다고 생각하기는 어렵다. 동일본 대지진 때에는 화장을 다 해내기 힘들 정도로 대량의 시체를 앞에 두고, 시신을 어떻게 처리하느냐가 매우 중요한 과제가 되었다. 재해지역에서는 생생한 유령의 목격정보가 많이 접수되었다. 죽음을 완벽하게 얇은 종이에 싸서 사회에서 멀리 떼어놓았던 현대 일본에서도 일단 가상적인 차원을 넘어선 현실적인 재해가 일어나면 금세 포장지가 벗겨져 드러난 죽음의 현실이 눈앞에 나타나는 것이다. 인류의 역사를 되돌아보면 산자는 항상 죽은 자를 자신의 세계로 초대하여 양자의 바람직한 관계를 모색해왔다. 사자가 없으면 사회 그 자체가 성립되지 않는 시대가 오랫동안 계속되어 왔다. 사자와 어떠한 관계를 구축해가야만 할 것인지 그 모색은 여전히 종지부를 찍지 못하고 있다.

맞이하는 불을 피우다

시대에 따라 지역에 따라 장송의례는 다양하다. 그러나 아무리 풍습이 달라도 단 하나의 공통점이 있다. 그것은 죽은 사람에 대한 생각, 즉 죽은 자를 애도하는 마음이다. 가까운 사람을 잃어버린 마음의 아픔은 아무리 문화가 달라도 인간에게 있어 일반적인 심정이다. 가까운 사람을 보내고 인류는 지금까지 얼마나 많은 눈물을 흘려왔던가. 먼저 간 모든 사람이 행복한 삶을 산 것은 아니다. 그는 혹은 그녀는 무엇을 위하여 이 세상에서 삶을 이어온 것일까. 하나의 죽음을 보낸다는 것은 그 사람의 인생이 무엇이었는지를 묻는 것이다. 그것은 자신의 인생에 대한 의미를 묻는 행위에 지나지 않는다. 사람은 타인의 죽음을 응시하면서 삶의 의미를 자문한다. 그러한 영위를 통해서 고인의 삶을 짊어지고 남겨진 날들을 그 사람과 살아갈 것을 결의하는 것이다. 지금 '사회'와 '세계'라고 했을 때, 우리가 그 구성원으로서 떠올리는 것은 당연한 것이지만 인간이다. 그러나 사회가 인간에 의해 구성된다는 이미지는 뛰어난 현대적인 감각이었다. 전근대까지 거슬러 올라가면 이 세계는 인간만의 것은 아니었다.

신(神)[3]도 죽은 자도 빼놓을 수 없는 구성원이었다. 사람은 항상 사람보다 초월적인 존재를 의식하고 그 시선을 느끼며, 그 소리에 귀를 기울이면서 하루하루 생활하고 있었다. 눈에 보이지 않는 존재와의 대화 속에서 살아가는 지혜를 터득했다. 그러나 현대에는 그러한 감각을 가진 사람은 거의 없다. 가까운 사람이 사망하는 경우에도 정신없이 장례를 마치고 일상생활로 돌아가지 않으면 안 되는 것이 우리 현대인의 숙명이다. 죽은 자도 신도 자연도 더 이상 우리에게 말을 걸려고 하지 않는다. 편리하고 쾌적한 생활에 대한 댓가로 우리는 그것들을 자신의 세계에서 몰아내고 그 속삭임에 귀를 기울이는 것을 그만두었다. 예전 사람들은 죽은 자와 함께 지낸 긴 시간이 있었다. 영지에 유골을 옮긴 사람들에게 그 여정은 죽은 자와의 대화이며 이별의 길이었다. 영지는 이상세계로 가는 입구였다. 뼈를 두고 온 먼 영지에 발길을 옮기는 것은 당시 사람들이 죽음에 대해 보여주는 최대한의 호의였다. 그 여정 도중에 사람은 유골을 안고 그 소리를 들으며 죽은 자와 대화를 했다. 죽은 자와 공유하는 시간 속에서 서로 나누었던 과거를 되돌아보며, 먼 피안의 세계로 떠나가는 사자에게 작별인사를 하는 것이다. 그것은 시간에 쫓기는 현대인에게는 상상도 할 수 없는 사자와 함께 지내는 소중한 시간이었음이 틀림없다.

작년에 나는 오랜만에 오봉의 맞이하는 불을 피웠다. 깊어가는 황

---

3) 여기에서 신은 절대적 초월적 신이 아닌 죽어서 신이 된 자와 사물과 생물에 깃들어 있는 영적존재를 포함한 일본적인 의미의 신을 말한다.

혼 속에서 흔들리는 불을 보면서 내 앞에서 먼저 떠난 사람들의 지난 날의 표정을 한 명 한 명 떠올려 보았다. 나를 사랑해준 사람을 생각하고 내가 상처 줬던 사람들을 생각했다. 이 세상에서 그 사람들을 만날 수 있었던 불가사의를 생각했다. 이 불을 바라보고 있는 것은 나 혼자만이 아니다. 순간 그런 생각이 스쳐 지나갔다. 불의 그늘에서 지금은 죽은 사람들이 그 모습을 드러내고, 눈에 보이지 않는 사자들의 속삭임이 불 뒤 어둠의 정적 속에서 피어오를 것 같은 예감이 내 마음을 사로잡았다. 눈에 보이지 않는 사자를 소중히 하고 사자와의 교류를 통해 마음을 풍요롭게 하는 기술을 터득했던 예전의 일본 열도에 살았던 사람들의 내면세계로 통하는 문이 조금은 열려진 것 같은 느낌이 들었다.

프롤로그

櫻井義秀 『死者の結婚』 北海道大学出版会, 2010年

佐藤弘夫 『死者のゆくえ』 岩田書院, 2008年

バード, イザベラ 『日本 奥地紀行』(高梨健吉訳) 平凡社ライブラリー, 2000年

松崎憲三編 『東アジアの死霊結婚』 岩田書院, 1993年

図録 『描かれた死者の結婚式』 「ムカサリ絵馬」 展実行委員会, 2010年

第1章

網野善彦・石井進編 『中世の都市と墳墓』 日本エディタースクール出版
　　　　　　部, 1998年

佐藤弘夫 『霊場の思想』 吉川弘文館, 2003年

松尾剛次 『葬式仏教の誕生』 平凡社新書, 2011年

柳田国男 「先祖の話」 『柳田国男全集 13』 ちくま文庫, 1990年(初出1946)

山折哲雄 『死の民俗学』 岩波書店, 1990年

『よみがえる中世7』 「みちのくの都 多賀城・松島」 平凡社, 1992年

第2章

上原専禄 『死者・生者 - 日蓮認識の発想と視点』 未来社, 1974年

五来　重 『元興寺極楽坊 中世庶民信仰資料の研究』 法蔵館, 1964年

勝田　至 『日本中世の墓と葬送』 吉川弘文館, 2006年

田中久夫 「高野山奥の院納骨の風習の成立過程」 『祖先祭祀の研究』 弘
　　　　　　文堂, 1978年

千々和到 『板碑とその時代』 平凡社選書, 1988年

舩田淳一 「中世の春日信仰と死者供養」 『カミと人と死者』 岩田書院, 2015年

第3章

奥　健夫「生身仏像論」『講座日本美術史4』東京大学出版会, 2005年

佐藤弘夫『アマテラスの変貌』法蔵館, 2000年

佐藤弘夫「聖なるものへ」『岩波講座日本の思想 8』, 2014年

末木文美士『浄土思想論』春秋社, 2013年

山折哲雄『日本人と浄土』講談社学術文庫, 1995年

第4章

江戸遺跡研究会編『墓と埋葬と江戸時代』吉川弘文館, 2004年

岩田重則『お墓の誕生』岩波新書, 2006年

鈴木理生『江戸の町は骨だらけ』ちくま学芸文庫, 2004年(初出2002)

竹田聴洲「近世社会と仏教」『岩波講座日本歴史 近世 1』1975年

圭室諦成『葬式仏教』大法輪閣, 1963年

森　謙二『墓と葬送の社会史』吉川弘文館, 2014年(初出1993)

第5章

池田彌三郎『日本の幽霊』中公文庫, 1974年(初出1962)

諏訪春雄『日本の幽霊』岩波文庫, 1988年

辻惟雄監修『幽霊名画集』ちくま学芸文庫, 2008年(初出1995)

服部幸雄『さかさまの幽霊』ちくま学芸文庫, 2005年(初出1989)

『別冊太陽 幽霊の正体』平凡社, 1997年

第6章

家永三郎『日本思想史に於ける宗教的自然観の展開』創元社, 1944年

北澤菜月「現世に姿をあらわす仏」『特別展神仏習合』図録,奈良国立博
　　　　物館, 2007年

五来　重『日本人の地獄と極楽』人文書院, 1991年

佐藤正英『隠遁の思想 西行をめぐって』東京大学出版会, 1977年

堀　一郎「山岳信仰の原初形態に関する一仮説」『我が国民間信仰史の

　　研究』創元社, 1953年

堀 一郎「万葉集にあらわれた葬制と他界観 霊魂観について」『宗教・習
　　俗の生活規制』未来社, 1963年

第7章

座小田豊・尾崎彰宏編『今を行きる1人間として』東北大学出版会, 2012年

柳田國男「故郷70年」『柳田國男全集 21』筑摩書房, 1997年(初出1958)

遠野市立博物館 第43回 特別展図録『供養絵額』, 2001年

에필로그

アリエス, フィリップ『死を前にした人間』成瀬駒男訳, みすず書房, 1990年

井上治代『墓と家族の変容』岩波書店, 2003年

ル・ゴッフ, J『煉獄の誕生』内田洋・渡辺香根夫訳, 法政大学出版局, 1988年

近世			中世後期		中　　世
江戸	戦国	室町			鎌倉
19　18	17	16　15	14		

出来事

鎌倉：
- 1224　親鸞浄土真宗開く
- 1253　日蓮日蓮宗開く

室町・戦国・江戸：
- 1333　鎌倉幕府滅びる
- 1338　室町開幕
- 1392　南北朝統一
- 1467　応仁の乱
- 1573　室町幕府滅びる
- 1590　天下統一
- 1603　江戸開幕

人物

- 明恵上人（1173-1232）
- 親鸞（1173-1263）
- 叡尊（1201-1290）
- 忍性（1217-1303）
- 頼賢（1240?-1307）
- 一遍上人（1239-1289）
- 日蓮（1222-1282）
- 観世元雅（1400?-1432）
- 松尾芭蕉（1644-1694）
- 近松門左衛門（1653-1725）
- 十返舎一九（1765-1831）
- 平田篤胤（1776-1843）

作品

- 1220　宇治拾遺物語 *
- 1221　明恵上人夢記
- 1230　当麻曼荼羅縁起
- 1254　古今著聞集
- 1258　源平盛衰記 *
- 1258　天神縁起 *
- 1260　立正安国論（日蓮）
- 1266　日吉山王利生記 *
- 1266　高野大師行状図画 *
- 山越阿弥陀 *
- 西行物語 *
- 阿弥陀二十五菩薩来迎図 *
- 1283　沙石集
- 1299　一遍聖絵 *
- 1309　春日権現験記 *
- 1313　八幡宇佐宮御託宣集
- 1329　熊野権現影向図 *
- 1347　渓嵐拾葉集

室町（15）：
- 熊野観心十界曼荼羅 *

江戸：
- 1670　曽呂利物語 *
- 1677　諸国百物語、宿直草
- 1700　善悪報ばなし
- 1701　曾根崎心中
- 1704　心中天網島
- 1720　化物太平記
- 1806　怜悧怪異話
- 1822　仙境異聞、稲尾物怪録

その他

- 墓標の台頭
- 大量の墓寺

	前　期		古　代			原　始		時代
	平安			奈良	飛鳥	古墳　弥生　縄文		
世紀	13	12	11　10　9		8	7　6　5　4　3		世紀

出来事

一万年前
538 仏教公伝
645 大化の改新
710 平城京遷都
794 平安京遷都
1052 入滅二千年、平等院
1086 院政始まる
1167 清盛太政大臣に
1175 法然浄土宗伝える
1185 平氏滅亡
1192 鎌倉開幕

人物

聖徳太子（574-622）
役小角（634-706）
空海（744-835）
慈覚大師（794-864）
菅原道真（845-903）
源信（942-1017）
慶滋保胤（933-1022）
三善為康（1049-1139）
覚鑁（1095-1143）
後白河院（1127-1197）
西行（1118-1190）
法然（1133-1212）
俊寛（1143-1179）
鴨長明（1155-1216）

制作年（＊は推定）

712 古事記
720 日本書紀
721 常陸国風土記
出雲国風土記 ＊＊
770 万葉集 ＊
797 続日本紀
824 日本霊異記 ＊
927 延喜式
987 日本往生極楽記 ＊（保胤）
1060 拾遺往生伝 ＊
1086 更級日記 ＊（孝標女）
1110 後拾遺和歌集
1120 続本朝往生伝
今昔物語集 ＊
1169 梁塵秘抄 ＊
1186 山家集 ＊（西行）
12-13C 餓鬼草紙
1205 新古今和歌集
1212 方丈記（長明）

葬送

広場の中央に墓
環状列石
巨大円墳出現
前方後円墳全盛
大山古墳（仁徳陵）
墓の空白の時代（天皇・有力貴族・高僧を除く）
64—71代天皇陵墓不明
中世墓・納骨霊場

겐키서방(幻戱書房, 환희출판사)의 미요시 사키(三好咲)씨로부터 서적 집필의뢰 편지를 받은 것은 2014년 초의 엄한 추위가 엄습할 때쯤이었다. 엷은 맹황색(萌黃色) 편지지에 푸른 잉크로 정중하게 써내려간 문장은 글을 쓴 사람의 인품을 느낄 수 있는 내용이었다. 그때 직감적으로 이 사람과 책을 만들어 보고 싶다는 생각이 들었다. 해가 지나고 계절이 변한 지금 이 책의 후기를 쓰면서 막연했던 희망이 드디어 실현되어 눈앞에 다가오는 감개무량감에 마음이 벅차오름을 느낀다. 본 서적의 담당은 그 후 미요시(三好)씨로부터 타구치 히로시(田口博)씨 사토 에이코(佐藤英子)씨로 바뀌었지만 참여한 모든 분들이 책을 만들어 내는 과정에 깊은 정성을 쏟아주었다. 마지막 수정을 담당해 주었던 사토씨는 원고를 숙독하면서 간행을 위한 세심한 배려와 더불어 많은 적확한 의견을 제시해주었다. 사토씨의 노력에 의해 본서는 최초의 원고에서 한 단계 업그레이드된 원고가 되었다고 생각한다.

물론 책 내용은 아직 과제가 남아 있음을 잘 알고 있다. 독자 여러분들의 엄한 비판을 받을 각오를 하고 있다. 그렇지만 이 책이 지금 단계에서는 내가 이 세상에 낼 수 있는 최선임을 확신하고 있다. 여기까지 이끌어주신 겐키서방(幻戱書房)의 편집자 여러분에게 다시 한 번 감사드린다.

2011년 3월 11일의 히가시니혼 다이신사이(동일본대지진)와 거기에 동반된 원자력 발전소 사고는 수많은 피해지역 사람들과 같이 나에게도 인생관의 변화를 가져올 만큼 큰 사건이었다. 금세기에 들어왔을 때 나는 '죽음'을 남은 인생의 가장 중요한 연구테마의 하나로 정했다. 관련된 문헌과 자료를 섭렵함과 동시에 국내외의 죽음의 현장에도 적극적으로 찾아다녔다. 3월 11일의 체험은 그러한 연구의 방향성을 밀어주고 더욱 가속화 시켜주었다.

죽음은 누구도 결코 피해갈 수 없는 것이다. 피해갈 수 없다면 적어도 가까운 사람들이 지켜보는 가운데 장수의 끝에서 웃는 얼굴로 평안하게 임종을 맞이하고 싶다. 그러나 그런 바람도 허무하게 뜻하지 않은 잔혹한 죽음을 맞거나 자연재해나 병란에 휩쓸려 대량사한 사람들이 너무나도 많다.

생사의 경계를 이루는 장소를 실제로 걸어보면 전근대 사회에서는 시대와 지역을 초월하여 죽음을 받아들이고 죽은 자를 위로하기 위한 문화 시스템이 주도적으로 구축되어 있다는 것을 이해 할 수 있다. 동시에 그 시스템이 지금 붕괴의 위기에 처해 있음을 실감한다. 세계관 그 자체가 크게 동요되고 있다. 이 21세기 사회에 살아 있는 사람은 어떻게 해서 죽은 자와 맞서 화해를 실현 할 수 있을까. 본서의 서두에 언급한 이 질문에 충분한 해답을 제시하지는 못했지만 계속해서 가장 중요한 과제로 하여 앞으로도 추구해 나가고자한다.

나는 2014년 5월에 환갑을 맞이했다. 이 정도의 연령을 기준으로 교무와는 일절 연을 끊고 연구와 교육에 전념할 예정이었다. 그러나 그 후에도 관리운영의 일들이 매년 늘어 지금은 거의 절망적인 양에 달하고 있다. 그러한 역경 속에서 어쨌든 내 자신이 만족할 수 있는 책 한 권을 출판할 수 있게 된 것은 나를 밀어준 주위의 모든 사람들의 덕분이다. 그러한 훌륭한 사람들과 만나 함께 일을 할 수 있는 행운에 기쁨과 깊은 감사의 마음을 표하며 본서의 후기를 맺고자 한다.

7월 7일

241

| 지은이 소개 |

사토 히로오(佐藤弘夫)

1953년 미야기현(宮城県) 출생. 도호쿠(東北)대학 대학원 문학연구과 박사과정수료(문학박사). 盛岡大学 助教授 등을 거쳐 현재 도호쿠대학 대학원 문학연구과 교수로 재직하고 있다. 神仏習合, 霊場, 日蓮, 国家と宗教, 死生観 등을 키워드로 중세를 중심으로 한 일본사상사를 연구하고 있다. 주로 남겨진 문헌의 엄밀한 読解에 의한 実証的 연구를 축으로 석탑이나 유적 등의 필드워크도 포함하여 정신사의 큰 흐름의 이야기를 조합하는 것을 지향한다.

『日本中世の国家と仏教』,『神・仏・王権の中世』,『アマテラスの変貌』,『偽書の精神史』,『霊場の思想』,『神国日本』,『死者の行方』,『日蓮 立正安国論』,『ヒトガミ信仰の系譜』,『鎌倉仏教』 등 다수의 저서가 있다.

| 옮긴이 소개 |

성해준(成海俊)

일본 도호쿠(東北)대학 대학원 문학연구과 일본사상사 전공(문학박사). 경북대학교 퇴계연구소 전임연구원 및 도호쿠대학 대학원 일본사상사연구실 객원연구원(2010년)과 큐슈대학 대학원 중국철학사 연구실 방문연구원(2014년)등을 역임하였다. 학회봉사로 「동아시아 일본학회」 회장을 역임하고, 현재 동명대학교 교수로 재직 중이다.

저서로『동아시아 유교문화의 새로운 지향』,『동아시아 명심보감 연구』,『일본명심보감의 전래와 수용 연구』 등이 있다. 역서로『일본사상사의 이해』,『일본여성사』,『근대일본의 조선인식』,『일본열도의 사생관』,『신국일본』,『히토가미신앙의 계보』 등이 있다. 논문으로 「일본 사생관에 담긴 죽음의식의 특징」,「동양사상에서의 統治者와 被統治者의 관계」 「명심보감의 행복관」,「퇴계의 왜구대책과 和親宥和의 대일관」 등이 있다.

영혼결혼 死者の花嫁

초판 인쇄   2018년 12월 7일
초판 발행   2018년 12월 20일

저   자 | 사토 히로오(佐藤弘夫)
역   자 | 성해준(成海俊)
펴 낸 이 | 하운근
펴 낸 곳 | 學古房

주   소 | 경기도 고양시 덕양구 통일로 140 삼송테크노밸리 A동 B224
전   화 | (02)353-9908 편집부(02)356-9903
팩   스 | (02)6959-8234
홈페이지 | www.hakgobang.co.kr
전자우편 | hakgobang@naver.com, hakgobang@chol.com
등록번호 | 제311-1994-000001호

ISBN   978-89-6071-783-1 03200

값 : 15,000원

이 도서의 국립중앙도서관 출판예정도서목록(CIP)은 서지정보유통지원시스템 홈페이지
(http://seoji.nl.go.kr)와 국가자료종합목록시스템(http://www.nl.go.kr/kolisnet)에서 이용
하실 수 있습니다. (CIP제어번호 : CIP2018039931)